40대
인생이 바뀌는 공부

STUDY
40대
이대형 지음

인생이 바뀌는 공부
THAT CHANGES

바른북스

서문

2014년 집 근처 마포구 상암동에 있는 자동차 검사소에서 차량 정기검사를 받은 적이 있습니다. 느지막한 출근길이었고 나가는 길에 검사소 직원분이 2년 후에 다시 검사를 받으면 된다고 말했습니다. 그때 들었던 생각이 '아마도 2016년에도 이맘때쯤 이곳에 다시 자동차 검사를 받으러 올 것이고 지금 다니는 회사에 다니고 있을 것이며 지금 사는 집에서 큰 변화 없이 살겠지'라는 생각과 함께 삶이 조금은 지루하고 따분하다는 생각을 했습니다.

당시 30대 후반의 평범한 회사원으로 큰 걱정 없이, 그렇다고 크게 여유 있는 삶은 아니었지만, 변화를 생각하기에는 모든 것이 지극히 평온한 일상이었습니다. 그러다 40대의 진입을 앞두고 너무나 많은 것들이 한순간에 변했고 견디기 힘든 큰 슬픔과 방황 그리고 평범한 능력의 나에게는 힘에 부치는 많은 일들이 벌어졌습니다. 돌아보면 이 모든 일은 우리 시대 40대라면 누구나 겪을 수 있는 일이고 또 반드시 준비가 필요한 일이라 생각합니다. 이제 그 기록과 함께 변화를 준비하는 모든 이 시대의 중장년들에게 내세울 것 없는 보통 사람인 저자의 글이 조금이라도 자신감을 줄 수 있기를 바라는 마음에서 이 글을 시작합니다.

이 책은 너무나 보고 싶고 많은 것들을 함께하고 싶었지만 서른셋의 나이로 영정 사진 속의 웃고 있는 얼굴로 멈춰버린, 같이 나이 들어갈 수도 없는, 어릴 때부터 야무지지 못한 나와 다르게 대범하고 호탕한 기질로 늘 나에게 힘이 되어준, 믿음직한 친구 같았던 내 남동생과 막내아들을 가슴에 묻고 살아가시는 부모님, 이제는 하나밖에 없는 여동생, 결혼 생활의 반이 넘는 시간 동안 남편의 방황을 묵묵히 지켜봐 준 와이프 그리고 내 삶의 버팀목이자 힐링인 세 자녀 재원, 재윤, 재호와 함께 써나갑니다.

들어가며

　해외여행과 골프, 명품 사진으로 가득 찬 타인의 SNS가 아닌 나의, 그리고 우리의 현실은 늘 힘이 듭니다. 특히나 지난 2020년은 코로나라는 예상치 못한 전염병으로 인하여 중견 기업의 회사원부터 각종 서비스업에 종사하는 많은 청춘과 자영업자는 물론 저 같은 40대 가장이자 수험생에게도 더없이 힘든 나날을 버티도록 강요하는 것 같습니다.

　이 시대 우리의 20대는 학업과 취업 준비로, 30대는 결혼과 보금자리 마련으로 그리고 40대와 50대는 가장이라는 책임과 불안한 미래로 인해 어떻게 살아야 할지, 무엇을 준비해야 할지 너무나 혼란스럽습니다. 마치 희미한 빛줄기조차 보기 어렵고 언제 다시 올라갈 수 있을지 모르는 까마득히 깊은 바닷속에 잠겨 있는 것만 같습니다. 이 바다는 생각보다 어둡고 너무나 깜깜해서 도저히 올라갈 수 없다고 포기해 버리고 싶을 만큼입니다. 그러나 어두운 바다의 깊이는 흑

연 같은 심해일 수도 있지만 불과 20m 정도일 수도 있습니다. 물론 20m의 수심도 일반인이 버티기에는 힘들지만 상군에 속하는 해녀들이 장비 없이 잠수했다가 올라올 수 있는 정도의 깊이입니다. 지금 우리가 놓인 곳이 빛이 전혀 보이지 않는 깜깜한 바닷속일지라도, 그곳이 너무 깊어 도저히 올라올 수 없는 심해가 아니라 훈련하고 견뎌내면 반드시 올라올 수 있는 20m의 깊이일 수 있습니다.

여러분은 지금 어느 깊이에서 숨을 참고 있나요? 다시 수면으로 올라오기 위해 어떤 준비를 하고 있나요? 저는 힘든 노동을 견뎌낼 육체적 능력은 고사하고 흔히 디스크라 말하는 추간판탈출증으로 장시간 의자에 앉아 있는 것도 힘들었습니다. 뛰어난 인테리어 감각은 꿈도 꿀 수 없을 만큼 둔해서 제주 바다가 보이는 예쁜 카페를 하고 싶다는 막연한 상상조차도 애초에 접어야 했습니다. 이런 저에게는 전문 자격증 취득이라는 방법이 어쩌면 가장 쉬울 수도 있다고 생각했습니다. 타고난 체력이나 재능이 없는 저와 비슷한 40대에게 가장 현실적인 대안이 될 수 있는 공부, 그 중에서도 공인중개사와 감정평가사 자격증 취득에 관한 이야기를 해볼까 합니다.

S.K.Y라 불리는 명문 대학을 졸업한 것도 아니고 IQ가 남들보다 뛰어나지도 않은 그저 평범한 직장인으로, 수능 이후 제대로 공부를 해본 적 없는 40대 아저씨가 일궈낸 성과를 여러분도 같이 만들어낼 수 있기를 이 시대를 살아가는 동지로서 기대하고 응원합니다.

목 차

감정평가사

40대에 인생이 바뀌는 공부가 필요한 이유

_ 해야만 한다

STUDY

40대여 주저하지 말고 도전하라

_ 할 수 있다

40대의 공부는 달라야 한다

_ 이렇게 한다

마치며

대전환

발인(發靷)

부존재와 방황, 힐링이 되어준 제주

결정

발인(發靷)

2014년 9월 3일의 날씨를 기억하는 사람이 있을까요? 그날은 드라마나 영화에서처럼 폭풍우가 몰아치는 변덕스러운 가을날도 아니었고 그저 비가 조금씩 오락가락하는 추석 연휴를 며칠 앞둔, 모두가 조금은 설레고 있는 그런 평범한 날이었습니다. 저 역시도 연휴 전이라 업무 처리에 서두르던 바쁜 날이었습니다. 늘 그러했듯 점심식사를 하고 동료와 소소한 잡담을 나누고 들어오니 옆자리 직원이 핸드폰 전화가 여러 번 왔다고 알려왔습니다. 모르는 번호기에 그저 스팸 전화일 거라 생각하며 오후 업무를 시작하려는 찰나 다시 그 번호로 핸드폰이 떨리기 시작했습니다.

저는 평소에 감, 느낌, 촉 이런 쪽으로 굉장히 둔한 편이라 항상 계산적으로 일정한 매뉴얼에 따라 생각하고 일하는 것을 선호하는 편입니다. 그런데 이상하리만치 그 전화는 받고 싶지 않았고 소름이 돋는 것 같은, 생전 처음 느껴보는 기분 나쁜 진동이었던 그

14

날의 느낌이 아직도 생생합니다. 어쨌든 모든 불편함을 뒤로하고 전화를 받았습니다. 수화기 너머 상대방은 언젠가 만난 적이 있던 막냇동생의 친구라고 했습니다. 만났던 시간과 장소를 정확히 말했기에 딱히 의심이 가는 전화는 아니었는데 그는 심하게 떨리는 목소리로 동생이 많이 아프다고 빨리 병원으로 와달라고 했습니다. 동생은 평소에 건강한 편이었고 불과 33살의 나이였기에 저는 대수롭지 않게 생각했습니다. 병원비나 보호자 동의 이런 부수적인 문제는 내가 다 책임지겠으니 필요하면 병원으로 가서 치료를 받게 하라고 했습니다. 그런데 갑자기 자신이 고려대학교 병원 응급실에 근무하는 의사 선생님이라며 전화를 넘겨받은 상대방은 동생이 뇌출혈로 쓰러졌고 상태가 심각하다며 당장 병원으로 오는 것이 좋겠다고 말했습니다. 믿을 수 없었지만 나는 '심각한 상태'라는 말이 죽을 수도 있다는 뜻인지 되물었고 의사는 현재로써는 그럴 가능성이 높다는 답을 감정 없는 목소리로 전했습니다. 돌이켜보면 어쩔 수 없겠지만 의사들은 참 냉정한 것 같습니다. 어떻게 33살의 건장한 남자가 죽을 것 같다는 말을 그리도 아무렇지 않게 할 수 있는지.

어이없게도 그렇게 동생은 쓰러진 지 겨우 6시간 만에 사망하였습니다. 그리고 그 일은 평온했던 제 삶을, 우리 가족의 삶을 모두 뒤엎어 놓은 폭풍우가 되었습니다. 우리 가족은 그동안 톨스토이의 소설 『안나 카레니나』의 시작에서 말한 것처럼 비슷한 이유로 행복

15

한 가정이었는데 이제 저마다의 이유로 불행해지기 시작했습니다. 우리는 아무것도 할 수 없었고, 아무것도 하고 싶지 않았고 그저 숨을 쉬기 위하여 서울에서의 생활을 버리고 제주로 도망치듯 내려왔습니다.

어쩌면 여러분이 알고 싶지 않을 슬픈 가정사를 구구절절 말하는 것은 제주에서 만난 사람들 때문입니다. 당시 2014년은 제주 살기 열풍이 불어 전국에서 수많은 사람들이 제주로 몰려들던 시기였고 외지에서 입도한 사람들끼리 비슷한 나이 또래 간에 만날 기회가 종종 있었습니다. 저는 우리 가족의 이야기를 누구에게도 하지 않았고 그들도 그들의 사정을 이야기하지 않았습니다. 물론 온전히 제주가 좋아서 이주한 사람들도 있었습니다만 각자의 속사정이 있음을 느낄 수 있는 경우가 더 많았던 것 같습니다. 시간이 흘러 몇몇과 속 깊은 사정을 나누어 보면서 본인 또는 가족의 건강, 부부간의 갈등, 사업 또는 회사 업무 등등 저마다의 위기가 있어 돌파구 또는 안식처로 제주를 택한 것을 알 수 있었습니다. 그것이 제가 겪고 지켜본 많은 30대 후반~40대의 모습이었습니다.

누구나 위기 앞에서 자유로울 수는 없습니다. 쉽게 극복하기 어려운 위기가 닥칠 수 있는 나이, 그것이 40대를 전후로 시작되는 경우가 많기에 우리는 미리 준비해야 합니다. 이미 위기가 닥친 상황이면 그것을 어떻게 극복해서 다시 비슷한 이유로 행복해질 수

있을지도 고민해야 하고요. 이제 저의 고민의 시간과 아직도 세상
이 무섭고 어렵지만 그나마 세상 살아가는 데 힘이 될 작은 도구
하나라도 손에 쥘 수 있게 된 이야기를 시작합니다.

부존재와 방황, 힐링이 되어준 제주

2014년 9월에 제주에 내려왔고 2021년 1월부터 가람감정평가법인 제주 지사에서 수습 평가사로 근무하고 있습니다. 그간 무려 6년의 세월을 저는 길을 정하지 못하고 헤매었습니다. 물론 감정평가사라는 직업 역시 이제 시작하는 입장이라 남은 인생이 결정되었다고 말할 수는 없습니다. 하지만 이 자격증을 취득한 이후에 저에 대한 자신감은 약간 상승하였고, 미래에 대한 막연한 불안이 어느 정도 줄어든 것은 부정할 수 없습니다. 목표가 없었고 그래서 무얼 할지 몰랐고 결국엔 아무것도 할 수 없어서 나날이 침잠했던 날들, 그 무력감과 깊은 좌절을 여러분은 겪지 않기를 바라며 부존재로 인해 방황했던 날들을 이야기해 봅니다.

처음 제주에 내려와서는 아무것도 하지 않을 생각이었고 아무것도 하지 않았습니다. 말 그대로 그냥 있었습니다. 그냥 숨을 쉬었고, 때가 되면 아무 의미 없이 먹고 자고 했습니다. 그나마 되는 대

18

로 바다에 나가 멍하니 파도를 보았습니다. 고요한 날에는 잠잠한 파도를 보았고, 바람이 거센 날에는 거칠어지는 바다를 보았습니다. 그렇게 매일 제주 바다는 제 곁에 머물러 있었고 조금씩 위안이 되어 주었습니다. 하루도 똑같지 않은 바다의 모습을 보면서 서서히 무언가에 대한 갈망이 생겨나기 시작했습니다. 자연스레 바다에서 서핑을 하게 됐고 남은 시간을 독서로 채웠습니다. 파도가 있는 날에는 서핑을, 파도가 없는 날에는 바다를 앞에 두고 책을 읽었습니다. 당시에 읽은 책들이 장기적으로 보면 수험 생활에 큰 도움이 되었던 것 같습니다. 직장 생활에 바빠 당장 무언가를 시작할 수 없다면 부디 독서만큼은 바로 시작하기를 권합니다. 특히 서술형의 시험을 치러야 하는 전문직을 꿈꾼다면 반드시 지금 바로 핸드폰을 놓고 책을 잡을 것을 권합니다.

그렇게 서핑과 독서로 제주 바다의 품 안에서 1년여의 시간을 보냈습니다. 사람이 잊을 수 있다는 것이 가장 큰 축복이라고 했던가요. 여전히 아프고 무서웠지만 나는 한 가정에 가장이었고 당시에 딸이 둘이나 있었기에 언제까지나 무력하게 있어서는 안 될 일이었습니다. 무엇을 해야 할 것인가. 그런데 저는 너무나 부족했고 무능했습니다. 10년이 넘는 시간 동안 길들여진 회사원의 생활은 나를 안일하고 무능하게 만들었던 것입니다. 좀 더 똑똑하고 감각이 있는 사람들은 제주에서도 새로운 기회와 희망을 써 내려갔지만 나는 할 수 있는 것이 없었습니다. 매일이 감옥 아닌 감옥에 갇혀 그저 막연한 두려움으로 하루가 시작되고 있었습니다.

직장인들이 앓고 있다는 월요병이라는 불치병이 있습니다. 아무 것도 하지 못하고 있는 저에게는 새로운 형태의 월요병이 생겼습니다. 토요일, 일요일은 모두가 쉬니까 나도 같이 쉬어도 죄책감이 없었습니다. 그러나 일요일 저녁이 되면, 다른 이들은 모두 다음 날 아침에 어디론가 나가서 생계를 위한 일을 하거나 자신의 목표를 위한 공부를 시작할 것인데 나는 월요일이 되어도 해야 할 것도, 할 수 있는 것도 없다는 사실을 인지하게 됩니다. 그러면 우울한 감정이 온통 저를 지배하고 그러한 상태로 또 한 주가 시작되는 것이었습니다.

스스로에 대한 불만과 질책 그리고 분노로 저는 점점 작아져 갔고 와이프와의 싸움은 커져만 갔습니다. 무엇을 할 것인지 매일 고민하지만 돌아오는 답은 공허했고 그저 창밖을 바라보며 부디 뛰어내리지 않기만을 기도하는 날이었습니다. 사실 나의 무력감과 절망은 진지하게 자살을 생각할 정도였습니다. 내가 자살을 결행하지 못한 단 하나의 이유는 부모님 때문이었습니다. 무슨 죄가 있어서 막내아들을 잃고 큰아들인 저마저도 먼저 보낸다면 평생 착하고 성실하게 살아오신 부모님께 너무도 가혹하고 잔인한 일이 되기 때문입니다. 지금에서야 말하지만, 당시 저의 심정은 부모님이 돌아가시면 바로 저도 그 길을 따라가려고 했었습니다.

방황의 시간은 생각보다 길었습니다. 그럴 수밖에 없는 것이 저는 아무런 준비가 되어 있지 않았고, 아무런 계획도 없었으며 더욱이 아무런 목표조차 없었기 때문입니다. 무언가를 하고자 하는 마음 자체가 없었고 변종 바이러스와 같은 나만의 월요병이 무서워 무엇이라도 시작하려 했지만 저는 체력적으로도 정신적으로도 너무도 무능했습니다.

「로스트」라는 미국 드라마가 있습니다. 무인도에서 일단 생존하면서 이야기가 시작되는 드라마입니다. 저 역시 생존을 해야 다음을 기약할 수 있을 것인데, 생존의 의미조차 도무지 찾을 수 없는 지경에 놓여 있었고 그때 제게 다시 삶을 사는 공간이 되어준 것은 무인도는 아니지만, 제주도라는 인구 60만의 섬이었습니다. 저처럼 육지에서 입도한 비슷한 아픔을 가진 사람들을 보았고 서로 공감하면서 어떻게 살아야 할지 함께 고민할 수 있었습니다. 서서히 저의 이야기를 하고 그들의 이야기를 들으며 부정적인 생각을 조금씩 떨쳐냈습니다. 그러면서 점점 새로운 시작에 대한 기대를 갖게 되었습니다. 그런 점에서 제주도는 상처 입은 사람들을 따뜻하게 보듬어 줄 수 있는 곳이라고 감히 말해봅니다.

결정

IMF가 터지고 몇 년이 지난 여전히 어려운 시기에 다행히도 대학을 졸업하고 곧바로 의류를 수출하는 무역회사에 취업할 수 있었습니다. 이후 무역회사 해외 영업부에서만 10년이 넘게 근무하면서 운이 좋게도 회사도 나도 큰 어려움 없이 순탄한 길을 걸어가고 있었습니다. 그저 편하게 일만 하면 되었습니다. 돌이켜보면 그렇게 안주하며 살았던 게 아닌가 싶기도 합니다. 회사라는 울타리를 벗어난 지 불과 1~2년도 안 된 사이, 저의 삶은 이렇게 아무런 대책도 대안도 없이 무력해져 갔는데 말입니다.

무언가를 시작하기로는 하였으나 그것이 무엇일지를 찾아낸다는 것은 너무 큰 숙제였습니다. 저는 평범한 아니 어쩌면 조금은 부족한 사람이었으니까요. 처음에는 무역회사를 다녔던 경험을 살려 서핑보드를 수입하는 일을 준비했습니다. 대량 수입이 가능한 기업 차원의 비즈니스가 아니다 보니 초기에 소화할 수 있는 물량 자체가 많지 않은 개인 사업자의 입장에서 공급자와의 가격 협상력은 현저히 떨어졌고 결국 국내에서 경쟁력 있는 가격을 확보할 수가 없었습니다. 개인으로서 가지는 자금력, 판매력의 한계로 아쉽지만 포기할 수밖에 없는 일이었습니다. 경력을 살릴 수 있는 유일한 일이었고 그나마 잘할 수 있으리라 생각했던 일이 잘 풀리지 않자 저의 조바심은 더욱 커져갔습니다.

다시 눈을 돌려 많은 이들이 꿈꾸는 제주의 아름다운 경관을 살린 개인 카페나 베이커리를 생각했지만 앞서 말 한대로 저는 미적 감각도 없고 손재주마저 보잘것없는 그야말로 똥 손임을 알기에 이 부분은 비교적 쉽게 단념할 수 있었습니다.

결국엔 치킨집인가? 웃자고 하는 농담이지만 경영학과를 졸업하면 회사원 하다가 치킨집하고, 공대를 졸업하면 기계 만지다가 치킨집하고, 법학과 나오면 법전 팔다가 치킨집을 한다고, 결국에 대한민국은 "사필귀닭"이라는 말을 들은 적이 있습니다. 특별히 할 수 있는 것도 없고 빼어난 감각이나 센스가 없는 보통의 평범한 아저씨인 저는 이제 상대적으로 쉽게 창업이 가능한 프렌차이즈를 고려하기 시작했습니다. 흔히 볼 수 있는 파리바게뜨, 배스킨라빈스와 같은 대기업 계열부터 쥬씨, 빽다방 같은 음료 체인점, 2017년 즈음에 유행하던 청주오믈렛 그리고 다시 생각하면 아찔한 선택이 될 뻔했던 대왕 카스테라와 같은 간식거리 체인은 물론 동전 빨래방,

그리고 정말 핫(hot)했던 인형 뽑기까지 그야말로 눈에 보이는 모든 체인점에 대해서 창업을 생각해 보고 계산해 보았습니다. 그런데 초기투자 비용이 생각보다 적지 않았고 당시 제주 부동산 가격이 가파르게 상승하던 시기라서 임대료 부담 또한 상당해서 선뜻 결정을 내리기가 어려웠습니다.

그러나 사실은 실패할까 두려웠습니다. 자금의 여유가 있었던 것도 아니고 한 번 잘못 선택해서 실패하게 되면 순식간에 거의 억대의 손해를 볼 수 있다는 것이 월급쟁이였던 저는 겁이 났던 것 같습니다. 요즘은 서울의 아파트 한 채 가격이 20억씩도 하니 1억이라는 숫자가 우습게 보일 수도 있지만, 사람이 숫자 일(1)부터 세기 시작해서 구천구백구십구만 구천구백구십구 그리고 1억이라는 숫자를 세는 데 꼬박 10년이 걸릴 만큼 보통의 40대에게 1억은 큰 숫자일 것입니다.

그러나 달리 대안이 없던 저는 계속해서 프랜차이즈 아이템을 찾고 있었고 우연히 프리미엄 독서실을 가보게 되었습니다. 독서실 하면 예전 90년대의 쾌쾌하고 컴컴한 동굴 같은 공간이 떠올랐는데 상전벽해라고 할 만큼 정말이지 '공부하고 싶다'라는 생각이 절로 들게 만드는 밝고 쾌적한 공간이었습니다. 적잖이 감탄했고 당장에 본사에 상담 요청할 만큼 인상적이었습니다. 제주라는 지역 특성상 본사 직원과의 미팅은 며칠 시간이 필요했고 나름의 수요조사를 위해 예정하는 지역에 있는 공공도서관을 방문했습니다. 열람실을 꽉 채우고 앉아 공부하는 수많은 사람들과 그중 특히 적지 않은 수의 중장년들을 보고 그야말로 충격을 받았습니다. 왜 나는 그동 안 공부할 생각을 못 하고 다른 곳만 기웃거렸을까! 이렇게 한겨울 날씨에도 후끈한 열기가 느껴질 만큼 노력하는 저들을 보지 못했는가! 코로나가 아니라면 근처에 공공도서관이나 대학 도서관에 가서 그 열기를 직접 느껴보시기를 강력히 권하고 싶은 마음입니다.

첫인상이라는 것이 있지요. 사람을 처음 만나면 5초 안에 그 사람의 인상이 결정된다는 말을 개인적으로 반드시 옳다고 생각하지는 않습니다. 다만 사람과의 만남에서 첫인상이 있는 것처럼 때로는 옷이나 구두 같은 사물을 시착할 때의 첫 느낌 그리고 어떤 공간에 대한 첫인상도 있을 것입니다. 당시 제주 우당도서관 3층의 열람실 문을 열었을 때의 그 강렬한 열기가 폭풍처럼 제 숨을 멎게 했습니다. 그 날의, 그 공간의 첫인상은 아직도 잊히지 않습니다. 어쩌면 그렇게 운명이란 것이 있는 것인지도 모르겠습니다.

제 이야기가 과장처럼 들릴까 염려스러워 또 다른 운명이라고 생각하는 와이프와의 첫 만남을 간단히 소개합니다. 저와 와이프는 업무상 거래처 관계로 전화 통화만 여러 차례 나눈 사이였고 직접 만난 적은 없었습니다. 그렇게 몇 달이 흐르고 어느 날 우리 회사에 들어오는 와이프를 처음 본 순간, 주변에 아우라와 함께 슬로우 모션으로 제게 걸어오고 있었던 그날의 기억 역시 10년이 훨씬 지난 아직도 생생합니다. 앞서 말한 대로 저는 감, 느낌, 촉 이런 부분에 둔한 사람이지만 그래도 분명 운명적인 어떤 느낌은 존재한다고 생각합니다. 2004년 개봉한 「바람의 전설」이라는 영화에서 주인공인 배우 이성재가 춤에 첫 한 걸음을 내디딜 때 휘몰아치던 그런 강렬한 첫 느낌처럼 말입니다. 지금 갈피를 잡지 못해 방황하고 있다면 가능한 많은 곳에 다녀 보기를 권합니다. 어쩌면 전혀 예상하지 못한 어떤 공간 또는 어떤 사람에게서 운명처럼 당신을 기다리는 미래를 만날 수도 있으니까요.

그렇게 갑자스럽게 공부가 해보고 싶어졌습니다. 참고로 대학 학점은 1, 2학년 때는 1점대였고 그나마 3, 4학년 때 3점대 초반으로 졸업할 당시의 평점은 3.0 이 되지 않을 만큼 공부에 관심이 없던 제가 말입니다. 수학능력시험 이후 단 한 번도 제대로 해보지 않았던 공부가 40살을 코앞에 둔 나이에 하고 싶은 일로 자리하게 되었습니다.

공인중개사

Q1.
왜 공인중개사인가?

부동산 문외한이
공인중개사 시험을 결정한 이유는?

요즘은 매일 뉴스에서 아파트값과 전월세 상승을 말하는 시기인지라 나이를 불문하고 전 국민이 부동산에 관심을 가지고 있고 투자 또는 투기를 실행하는 많은 사람이 있는 걸 보면 부동산에 대하여 모두들 잘 알고 있는 듯합니다. 저는 투자를 할 여력이 안 되기도 했지만, 회사 생활이 바빠서 다른 데 별로 관심이 없었습니다. 그저 전세 계약할 때 공인중개사가 써준 부동산계약서를 '전문가가 쓴 것이니 다 맞겠지' 하고 제대로 읽지도 않고 도장만 찍는 정도였으니 지금 생각해 보면 부동산에 무관심하고 몰라도 너무 몰랐습니다.

당시 저의 무지가 어느 정도였는지를 생각해 보면 참 답답한 일

화가 있어 소개합니다. 대출을 받기 위하여 은행에 가니 이런저런 서류들을 준비해 오라고 메모지에 적어주었고 그중에는 당연히 등기부등본이란 것이 있었습니다. 인터넷으로 발급 신청을 했는데 표제부 외에 갑구와 을구로 나누어져 있어서 저는 별생각 없이 갑이 중요한 것이다 싶어 갑구만 출력해서 가지고 갔습니다. 서류를 하나씩 보던 은행 직원이 갑자기 황당하다는 표정으로 을구는 혹시 빠트린 거냐고 물었습니다. 할 말이 없었고 다시 서류를 발급받아 제출했습니다. 다 아시겠지만, 갑구는 소유권에 관한 사항을 기록하고 을구는 소유권 외의 사항에 대해서 기록한 것이니 대출을 위해서는 갑구, 을구가 모두 필요합니다. 그저 갑질 못 해보고 살아서 맺힌 한 때문인지 무식하게 갑구만 출력해서 갈 정도였으니 돌아보면 투자는 고사하고 사기 안 당하고 살아온 것만도 참 다행이다 싶을 정도입니다.

공부를 하기로 결정했지만, 특정 분야에 대해 관심이 있던 것도 아니고 공무원 시험은 당시 경쟁률이 너무 치열한 데다 설령 2~3년 공부해서 합격한다고 해도 정년까지 시간이 길지 않다는 생각에 일단 배제했습니다. 무엇을 목표할지 결정하기도 참 쉽지 않았습니다. 우선 선택을 위한 전제 조건으로 몇 가지를 따져보았습니다. 첫 번째는 40살 언저리에 시작하는 만큼 정년 없이 일할 수 있을 것, 두 번째는 제 스스로 할 수 있는 일일 것. 즉 회사에 소속 여부와 관계없이 자신의 역량으로 할 수 있는 일이어야 하고, 그리고 가장 중요한 세 번째는 너무 어렵지 않을 것입니다. 공부를 잘한 것도, 많이 해본 것도 아니라서 무턱대고 어려운 시험에 도전할 용기 혹은 객기는 저한테 없었습니다. 그렇게 몇 가지 조건을 놓고 고민하던 중 우연히 광고에서 모 회사의 공인중개사 시험을 접하게 되었습니다.

지금도 공인중개사 응시 인원은 꾸준히 증가하고 있고 자격증에 대한 선호가 계속되고 있습니다만 당시에도 중장년의 고시라고 할 만큼 인기가 상당했습니다. 즉각적으로 개업이 가능하고, 정년도 없을뿐더러 자기가 일하고 성과를 낸 만큼 보수도 받을 수 있으며 당시 생각으로는 시험도 객관식이라 어렵지 않은 것 같다는 느낌이 들었습니다.

보통 공인중개사 하면 가장 먼저 아파트나 주택의 매매 또는 전월세 거래를 중개하는 것으로만 생각하는데, 자기거래와 같이 일부 법으로 금지한 사항을 제외하고 할 수 있는 일이 상당히 많습니다. 관리대행, 분양대행, 부동산 투자 상담과 경매나 공매에 대한 권리분석과 취득 알선 등 사람들과의 친화력이 좋고 영업적이거나 활발한 성격이 아니라고 해도 자신의 성향이나 관심 분야에 따라 할 수 있는 일이 많다는 점 또한 상당히 매력적으로 다가왔습니다. 또한 자격증을 취득하면 즉각적이든, 10년 후든, 20년 후든 언제든 유용하게 쓸 수 있다는 생각이 부동산에 대해 그야말로 일자무식인 저를 공인중개사 시험에 도전하게 하였습니다.

나에 대한 시험(self test)

공인중개사 시험은 자격증 획득이라는 의미보다 오랜 시간 좌절과 무기력함으로 인해 작아질 대로 작아지고 소심해져, 그 어떤 일에 대해서도 자신감이 전혀 없는 저 스스로에 대한 테스트로서의 의미가 더 컸던 것 같습니다.

저는 직장 생활만 해서 그런지 주변에 지인들도 대부분 보통의 평범한 회사원이 많습니다. 퇴사하던 즈음에는 경기가 나쁘지도 않았고 선후배들도 30~40대 중반으로 한참 열심히 일하고 여기저기서 쓰임새가 많은 나이라 회사 일만 열심히 해도 대부분은 큰 걱정 없이 잘 살았던 것 같았습니다. 그런데 몇 년의 시간이 흐른 사이에 40대 후반의 선배들이 이러저러한 이유로 영원히 다닐 거라 생각했던 회사에서 자발적 또는 비자발적으로 퇴사했다는 소식이 들리기 시작했습니다. 2020년 코로나로 인해 급격히 경기가 위축되어 이제는 더욱 많은 선후배들이 자리를 잃게 되었고 현재도 진행형입니다. 저도 직장 생활을 계속했더라면 지금쯤 상당히 위기가 닥치지 않았을까 싶습니다.

다행인지 불행인지 저는 일반적인 경우에 비해 상당히 일찍 위기를 겪었고 그야말로 인생의 바닥 언저리까지 내려가 세상에서 가장 쓸모없다고 여겨지는 존재가 되어 보았기 때문에 절박한 마음으로 길을 찾고자 애써볼 수 있었습니다. 그러나 나의 선, 후배들은 이제 길을 잃기 시작한 것 같습니다. 누군가는 자신의 건재함을 과시하고자 여행이나 운동 사진으로 SNS를 채우고 또 누군가는 그간 해왔던 일과 전혀 관계없는 일로 경력을 포기하고 새로운 일을 시작하기도 합니다. 빛나는 청춘, 20대의 시작이 아니기에 너무나 무거운 짐을 지고 시작하는 그 마음을, 그 두려움과 막막함을 온전히 겪어본 저는 이제 조금은 알 것 같습니다. SNS의 사진이 아무 의미 없음을, 그저 나 괜찮다고 보여주고 싶지만, 사실은 점점 가라앉고 있다는 것을 인정하는 것임을요. 나의 확고했던 지위를 버리고 새로 시작하는 그 일이 너무나 낯설지만, 반드시 잘 해내야 한다는 부담감과 새로운 분야에 대한 무지함 사이에서 오는 그 중압감을 말입니다.

제가 회사 생활을 하면서 가장 조심했던 부분은 누군가에게 조언하지 않는 것이었습니다. 남들에겐 내 코가 석 자일지도 모르는데 누구한테 감히 조언 하겠느냐 싶어 그야말로 볼 꼴, 못 볼 꼴 다 본 사이가 아니고서는 최대한 말을 아껴왔습니다. 지금도 마찬가지입니다. 그 누구에게 함부로 조언할 만큼 제 인생에 대해서 자신이 있는 것도 아니고 여전히 제 코는 석 자나 나와 있을지도 모르니까요.

이 책은 코가 석 자는 나와 있는 우리들의 이야기입니다. 그렇기에 이야기하자면 이제 진정한 자신의 인생에 대한 시험이 시작된 것이라 생각합니다. 초중고등학교를 마치고 대학을 졸업한 후에 직장 생활까지 그저 흘러가는 물처럼 살았다면 어떤 형태로든 위기를 마주한 오늘에서야 비로소 장애물을 마주한 것이고 그 길을 어떻게 지날지에 대한 시험이 시작된 것입니다. 다시 길을 이어 갈 수 있으려면 각자의 방식으로 그 시험을 통과해야 합니다. 방황은 피할 수 없을 것입니다. 다만 저처럼 너무 오래가지 않았으면 좋겠습니다. 어떤 형태로든 스스로에 대한 시험을 훌륭하고 현명하게 통과할 수 있기를 바랍니다. 저에게는 그 시험으로서의 의미가 공인중개사 시험이었습니다.

쉽다고, 그건 오산

공인중개사 시험은 다른 시험에 비해 중장년 응시생이 많고 합격률은 매년 차이가 있지만, 평균적으로 20~30% 정도입니다. 저는 당시 30대 후반으로 상대적으로 젊은 나이였고 시험 과목도 5과목이라 크게 어렵지 않을 것으로 짐작해서 무턱대고 시작했습니다. 좀 더 솔직히 당시에 생각을 말하면 아저씨, 아줌마들이 보는 시험인데 나는 그분들에 비하면 아직 한참 어린 나이고, 평균 60점이면 확률상 찍어도 20점은 깔고 가는데 살짝만 더하면 되는 것이지 싶었습니다. 인터넷에 후기를 보면 짧게 공부하고 다들 잘만 합격하는데 아무리 내가 공부를 안 했다지만 이 정도 시험은 금방 할 수 있을 것이라고 그야말로 근자감(근거 없는 자신감) 넘쳐서 상당히 쉽게 생각하고 시작했습니다. 어찌 보면 오히려 만만하게 봤기에 시작할 수 있었지만 실상 시험 준비는 그야말로 고된 일이었습니다.

 학원의 홍보는 짧은 기간에 쉽게 공부해서 합격하는 경우에 맞춰진 경향이 있습니다. 많은 분이 좀 더 편한 마음으로 부담감을 덜고 도전할 수 있도록 하기 위함이겠지요. 모든 시험에 대한 홍보가 사실 비슷합니다. 감정평가사도 거의 2년 차 합격생이 합격 후기를 쓰고 오래 공부한 수험생은 보기 어렵습니다. 좀 더 생생한 시험의 난이도에 대한 정보를 접하고 싶다면 실제 수험생의 의견을 직접 듣는 것이 수험에는 좀 더 사실적인 도움이 될 것입니다.

 결론부터 말하면 만만치 않습니다. 5과목이라고 하지만 공부해야 할 분량이 상당하고 더 큰 문제는 점수가 쉽게 올라가지 않는다는 것입니다. 강사님들의 강의는 상당히 훌륭해서 이해도 잘 되고 재미도 있습니다만 막상 바로 점수로 연결이 되지 않아 쉽지 않습니다. 매월 모의고사를 봤는데 점수가 공시법/세법이나 공법 과목은 공부한 지 수 개월이 지나도 과락을 넘기기 힘든 정도였습니다. 적어도 나올 것이라 생각한 20점을 갓 넘긴 경우도 거의 매달이었습니다. 상당한 기간 동안 공부가 쌓여야 점수가 확 올라가기 시작

하는데 그 과정이 생각보다 길고 지루해서 전공자가 아닌 사람에게
는 절대 만만하게 볼 수 있는 시험이 아닙니다.

사진은 시험 두 달 정도 앞두고 2017년 9월에 찍은 당시의 공부
계획과 모의고사 점수입니다. 계획은 아주 야무지게 3~5월까지 바
로 심화 강의만 듣고, 6~8월 문제 풀고, 모의고사와 정리해서 시험
장 들어가겠다고 했는데 기본 강의 듣고 심화 강의는 밀리고 밀려
서 5월에야 강의 듣기 시작했고 문제는 거의 8월에 풀 수 있었습니
다. 모의고사는 부동산학개론을 제외하고는 8월 말에 본 6회차 모
의고사 때까지도 과락 언저리에서 크게 벗어나지 못했네요. 점수는
무르익는 시간이 필요합니다. 조급하게 생각할 것은 아니지만 절대
만만하게 생각해서도 안 되는 시험입니다.

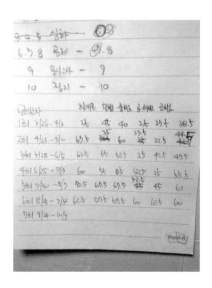

Q2.

학원은 어떻게 선택할까?

인강 or 실강?

순전히 저의 추측이지만 이 글 읽고 계시는 분 중에 학교 다닐 때 공부 잘했던 분은 많지 않을 것 같습니다. 어찌 보면 당연한 것이 잘한다는 기준을 상위 10% 정도로 본다면 90%는 못하는 것이 되니까 확률적으로 그렇다는 겁니다. 여러분을 무시하는 것이 아니니 오해는 금지입니다.

저는 학교 다닐 때 그렇게 수업을 잘 들었던 스타일이 아니라서 인터넷 강의가 편하고 좋았습니다. 그러나 일반적으로 현장 강의와 비교해 집중도는 확실히 떨어지는 것 같습니다. 그도 그럴 것이 인터넷 강의는 틀어놓고 멍때리면서 잠깐 딴생각을 하면 순식간에 진도가 지나가서 강의 맥락을 따라가기가 어렵습니다. 인강에 빠지면 공부를 말아먹는 것도 순식간입니다.

무슨 이야기냐면 인강은 일단 공부가 굉장히 편합니다. 그냥 강의 틀어놓고 귀에 이어폰 꽂은 채 이런저런 생각 하면서 집중하지 않아도 시간은 가고 강의는 계속해서 다음 장으로 흘러갑니다. 결국 자기 머리에 남은 것 하나 없어도 마치 오늘 하루 열심히 공부한 것 같은 가짜 만족감을 느끼게 해줍니다. 그래서 편하게만 공부하다 보면 자꾸 인강에 의존하게 되는데 절대 공부는 늘지 않습니다. 제가 도서관에서 본 한 젊은 학생은 아침부터 자리를 뜨지 않고 종일 공부를 하는데 인강만 최소 8시간 이상 듣습니다. 책을 보면서 스스로 공부하는 시간은 거의 없어 보였습니다. 공부 스타일일 수도 있지만 적어도 우리 40대 세대에게는 맞지 않습니다. 믿기 어렵다면 당장에 어떤 강의든 8시간 정도 들어 본 후에 생각나는 것들을 백지에 써보시기 바랍니다. 대부분은 강사가 한 농담만 기억나고 별로 쓸 말이 없을 것입니다.

인강은 두 배, 세 배의 집중을 더 요합니다. 실강에 비해 확연히 집중력이 중요합니다. 다만 학원에 오고 가는 시간과 불필요한 인간관계에서 오는 피로감 등을 염려하지 않아도 되는 점은 상대적으로 장점이 될 수 있습니다. 이를 잘만 활용한다면 실강보다 훨씬 유용할 수 있고 현실적으로 전업 수험생이 아닌 경우에는 선택의 여지가 없기에 인강의 활용 방법에 대해 몇 가지 적어봅니다.

하나. 공부하기 싫을 때 인강을 들으세요. 공부하기 좋은 날이 솔직히 얼마나 있을까요. 그래도 습관적으로 엉덩이를 붙이면 버틸 수 있는데 그마저도 하기 싫은 날 인강을 활용해서 버텨보세요.

둘. 가능하면 그날의 공부를 우선적으로 마치고 저녁 시간을 활용하세요. 누구에게나 마지막 순간은 버티기가 힘이 듭니다. 예를 들어 저녁 10시까지 공부하고 마지막에 2~3시간 인강으로 마무리하면 조금 더 수월하게 공부할 수 있습니다. 반대로 인강을 먼저 듣고 마지막에 스스로 공부하는 것은 더 많은 인내력을 요합니다.

셋. 너무 부담 갖지 마세요. 인강을 들으면 대부분은 금방 잊힙니다. 내가 반복해서 학습하기 위한 도구이지 인강을 통해서 모든 것을 정리하겠다는 욕심은 내지 마세요. 부담은 내리고 강사의 이야기를 듣는다는 마음으로 내가 몰랐던 몇 개만 건져간다고 생각하세요.

넷. 재생 속도 올리지 마세요. 실강은 절대 불가능하지만 인강은 재생 속도를 조절할 수 있습니다. 공부하는 독서실에서 고등학생들 이야기하는 것을 우연히 들었는데 2시간 PC방에서 놀고 2시간 동안 인강 속도 2배로 올려서 들으면 4시간 공부한 게 된다고 놀러 나가면서 말합니다. 절대 그렇지 않습니다. 속도 0.1씩 올릴 때마다 집중도는 제곱의 속도로 떨어집니다. 특히나 공인중개사 강사님들을 보면 강의 속도를 어느 정도로 했을 때 가장 전달이 잘 될지. 진도를 맞춰갈 수 있을지 세심하게 점검하고 강의하십니다. 특별한 경우가 아니라면 재생 속도 올리지 마세요.

다섯. 인강을 들은 후에는 꼭 스스로 생각해 보세요. 강의가 끝나면 바로 그날의 강의 내용에 대해서 짧게라도 생각해 보세요. 공부가 새는 것이 많은데 상당히 줄일 수 있습니다.

인강과 실강 모두 장단점이 있지만, 여건이나 성향에 맞춰서 잘 활용만 한다면 어느 쪽이든 문제 되지 않습니다. 인강으로 수업 들어서 떨어졌다고 하는 사람은 실강 들어도 떨어집니다. 많은 수험생이 지방에서 인강만으로도 합격합니다. 강의는 나를 도울 뿐이고 공부는 스스로가 하는 것입니다.

어느 브랜드 강의를 선택할지?

그야말로 정보가 넘쳐나는 세상입니다. 당장에 손에 쥔 핸드폰을 몇 번만 터치하면 공인중개사 같은 경우에 수도 없이 많은 학원과 교재를 찾을 수 있습니다. 감정평가사도 2년 합격을 자랑하는 적지 않은 학원 광고를 접할 수 있습니다. 주변에 먼저 공부한 선, 후배가 있다면 조언을 구하기 쉽겠지만 우리 나이에 제대로 공부하시는 분들도 찾기 어렵거니와 어디 가서 이것저것 묻기에도 조금은 민망

스러워 학원 결정이 쉽지 않습니다.

   결론부터 말하면 공인중개사는 어디든 상관없습니다. 전 과목에 대한 커리큘럼과 연간 수험 스케줄만 정확하게 짜여 있는 학원이라면 어디든 괜찮습니다. 메이저 학원들은 이미 많은 사람들이 합격을 통해 검증하고 있고 매년 응시자가 수십만에 달하는 시험이라 강사님들의 사소한 실수 하나 그냥 넘어가기 힘들 정도로 치열하다 보니 현재 강의를 계속하는 강사님이라면 그 능력을 의심할 필요조차 없습니다. 그냥 무언가에 끌리거나 호감이 가는 강사님의 수업을 들어도 충분합니다.

   어느 브랜드 강의를 선택할지는 당락에 전혀 영향이 없으니 샘플 강의 몇 개 들어보시고 느낌 오는 쪽으로 결정하면 됩니다. 공인중개사 시험은 성실하게 강사님들이 시키는 대로 꾸준히만 하면 합격할 수 있습니다. 다음(Q38)에 자세히 설명하겠지만 객관식 시험 특성상 변수가 많지 않습니다. 어떤 강의를 선택할지 고민하느라 인터넷 카페에서 강사님들 평판 찾아보고, 본인과 잘 맞는지 안 맞는지 가늠할 시간을 그냥 공부하는 데 쓰면 됩니다.

Q3.
얼마나 해야 합격할까?

문제집 한 권으로 승부를

40대, 한자로 불혹(不惑). 즉 유혹에 흔들리지 않는 나이라는 뜻입니다. 어떠신가요? 세파에 흔들리지 않고 자신이 가는 길에 확신을 가지고 곧게 뻗은 길을 잘 걸어가고 있나요.

마음이 급한 나이입니다. 타인의 삶까지 들여다볼 여유는 없어서 제 기준으로 보자면 그야말로 해놓은 것도 없이 나이만 먹고 앞으로 어떻게 해야 할지 모르는 깜깜한 나이가 아닌가 싶습니다. 당장 오늘 하루도 힘이 들고 막막한데 공부라니. 그것도 언제 될지, 아니면 영영 안 될지도 모르는 공부라니요.

부동산도 있고, 물려받을 유산도 있고, 내 가족 걱정 없이 평생 먹고살 만하고, 딱히 하고 싶은 것이 없다면 우선은 현재를 지키는 일에 집중하시기 바랍니다. 제가 6년간 제주에서 버틸 수 있었던 것은 가족들의 도움이 가장 컸지만, 한편으로는 그나마 가지고 있던 것들을 까먹지 않고 지켰기 때문인 것 같기도 합니다. 급한 마음에 이것저것 시도했다가 한두 번 실패했다면 아마도 지금까지 공부하기가 어려웠을 겁니다. 요즘은 사업이나 투자의 실패뿐만 아니라 보이스피싱이나 기획 부동산, 그리고 더 크고 복잡한 수법의 사기에 당해서 그야말로 한 방에 전 재산을 날리는 경우도 적지 않습니다. 그렇기 때문에 반드시 무언가를 하지 않더라도 오늘의 삶에서 버티는 것도 큰 의미가 있는 것입니다. 하지만 버티는 것에 만족할 수 없어, 내일을 위해 나아가기 위한 여러 가지 노력 중에서 공부를 택한다면 얼마나 해야 그 목표를 이룰 수 있을까요?

시험은 결과로 말하는 것이라 준비 기간을 기준으로 합격의 수준을 말하는 것은 조금은 어리석은 생각인 것 같습니다. 소위 말하는 합격자 평균 기간도 학원의 홍보 수단용으로 잘 풀려서 일찍 합격하는 경우에 중점을 두고 짧은 쪽 극단의 값은 가중치를, 긴 쪽 값은 제대로 반영하지 않고 통계하는 경향이 있습니다. 또한 수험생 상당수가 실제 기간보다 짧게 말하는 경우가 많아 그리 의미 있는 통계라고 하기는 어렵습니다. 그렇기에 이번 질문의 답은 어느 정도의 수준에 도달해야 하산할 수 있을까 하는 정성적인 부분에 해당합니다.

공인중개사와 감정평가사 1차 시험의 경우는 객관식 시험으로 기본 강의 이후에 문제 풀이를 반복하다 보면 5개의 선지의 옳고 그름을 판별할 수 있고 틀린 선지가 왜 틀리는지와 어떻게 수정해야 맞는지를 알게 되면 안전하게 합격합니다. 오해하지 말아야 할 것은 시중 모든 교재의 문제가 아니라 최종적으로 선택한 단 1권 교재의 처음 문제부터 마지막 문제를 기준으로 해서입니다. 선택한 교재의 모든 문제에 대한 선지까지 정확히 이해했다면 시험장에 편안한 마음으로 들어가서 평소처럼 하시면 충분히 합격합니다. 겨우 1권의 문제집을 독파하는 것이 어렵다면 어렵고 쉽다면 쉬운 일이지만 분명한 것은 1권의 문제집만 독파해도 합격은 넉넉하게 가능합니다.

여러분은 매운 음식을 좋아하시나요. 스트레스 해소 방법으로 즉각적이고 강한 자극을 원하는 사람이 늘어나면서 청양고추나 외국의 매운 고추를 종류별로 넣어 매운맛을 끌어 올린 음식, 저렴하고 강렬한 캡사이신을 왕창 넣은 매운 음식도 많습니다. 처음 책을 쓰기로 하면서 가장 조심하기로 마음먹은 것은 절대 자극적이지 않아야 한다는 것이었습니다. 그저 책 몇 권 더 팔아보기 위해서 '단기간 합격, 이걸로 충분, 이대로만 하면 누구나 할 수 있다.' 이런 허황된 글로 자극만 있고 결국 몸에는 안 좋은 캡사이신 범벅인 음식과 같은 그런 책을 내고 싶지는 않았습니다. 그렇기에 최대한 단정적인 글은 지양하고 방법론적인 부분을 제시하고자 하였습니다만

1권의 문제집이면 충분하다는 것은 저를 포함한 많은 합격자가 증명한 확실한 방법이기에 혀만 아픈 자극이라 생각하지 않아도 좋을 것입니다.

1차 민법, 부동산학개론 만점은 80점?

시험공부를 시작했다면 이 말의 의미를 잘 알 것입니다. 다만 이제 시작을 준비하는 분들을 위해 설명하자면 공인중개사는 1차 민법과 부동산학개론, 2차 중개사법, 공법, 세법/등기법/지적법 해서 1차 2과목, 2차 3과목으로 시험이 구성되고 각 과목 40점 이상 1차, 2차 구분하여 평균 60점 이상이면 합격하는 시험입니다.

1차는 민법과 부동산학개론 두 과목 평균으로 합격 여부를 결정하는데 두 과목 모두 40점 이상의 점수가 나와야 하므로 다른 한 과목을 지원해 줄 수 있는 점수는 20점이 최대입니다. 즉 민법 100점, 부동산학개론 30점이면 평균은 65점이지만 불합격이고, 민법 80점, 부동산학개론 40점이면 평균 60점으로 합격입니다. 그렇기 때문에 1차 시험 두 과목은 100점을 받아도 의미가 없고 80점이 실질적으로 필요한 최고의 점수입니다.

시험은 전 범위에 있어서 꼼꼼하게 준비해야 하지만 한편으로는 최대한 효율적으로 준비해야 합니다. 간혹 부동산학개론에서 복잡한 계산 문제를 굳이 5분 이상 소요해 가면서 문제가 이기는지 내가 이기는지 끝까지 해보자 하는 경우가 있는데 그래 봐야 긴장되고 떨리는 시험장이라면 계산 실수 등으로 정답을 찾아낼 확률은 50% 미만이고, 그냥 찍어도 확률은 20%입니다. 그 5분을 좀 더 쉬운 문제를 정확히 푸는 데 사용하는 것이 효율적입니다.

공부하다 보면 유독 어렵고 이해 안 되는 부분이 있습니다. 학문이 아니라 시험에 합격하는 것이 목표라면 1차에 있어서는 조금은 편하게 접근해도 괜찮습니다. 대신 그 시간을 다른 부분 또는 2차 과목에 좀 더 투자하면 충분합니다.

2차도 만점은 80점?

결론부터 말하면 2차는 최대한입니다. 1차처럼 어려운 부분은 좀 피하고 80점만 득점하겠다고 생각하면 큰일 납니다. 2차는 3과목이기 때문에 60점을 초과하는 모든 점수가 다른 과목을 지원할 수 있는 구조입니다. 예로 중개사법 100점, 다른 두 과목 40점씩이면 합격입니다. 그런데 2차는 전체 시험의 난이도를 조절하는 중요한 역할을 하므로 어떤 과목의 난이도를 어느 수준으로 조절할지 아무도 모릅니다. 중개사법 고득점하고 나머지 과락 넘기겠다고 생각해도 그해 중개사법 난이도가 확 올라가면 힘들게 되고 반대로 공법에 힘을 주었는데 그해 공법이 쉽게 나오면 공법 고득점 해서 합격하기도 합니다. 그렇기 때문에 2차는 버리는 부분이나 과목 없이 세밀하게 준비해야 합니다. 1차에 비해 2차가 훨씬 어려운 이유이기도 합니다. 그렇다고 너무 버거워할 필요는 없습니다. 앞서 말한 대로 2차 과목도 문제집 한 권씩만 독파하면 분명히 합격하기 충분할 만큼 답이 보입니다.

40대 인생이 바뀌는 공부

Q4.
시험, 그리고 합격 후는?

시험장에서

2017년 10월 28일에 제주의 한 고사장에서 공인중개사 시험을 보았습니다. 1차와 2차를 순차적으로 같은 날에 동시에 치르기 때문에 응시자들은 1차 합격 여부와 관계없이 우선 2차 시험을 봅니다. 운 좋게도 제주에서 첫 시험에서 1차, 2차를 모두 합격해서 시험에 대한 경험이 한 번뿐이라 단정적으로 말하기는 어렵지만, 지역적 특색인지 아니면 중장년 응시생이 많은 시험의 특색인지는 모르겠습니다만 시험장 분위기는 조금 독특했습니다.

저는 시험장에 1시간 정도 일찍 가는 편입니다. 보통의 시험장은 시험 시작 전 고사장 분위기는 살얼음이 얼어 있는 강가와 같이 고요하면서 팽팽한 긴장감이 흐르는 냉동 창고와 같은 분위기입니다. 그런데 제가 제주에서 경험한 시험장 분위기는 마치 잔칫집 같았습니다. 같은 학원에서 불과 며칠 전까지 얼굴 보고 공부한 사이일 텐데 1주일 만에 만나서 그런지 새삼스럽게 그리 반가워하고 (보통 공인중개사 학원은 시험 1주일 전부터는 강의가 없습니다.) 아침부터 사이좋게 김밥 나누어 먹고 언니, 오빠 다 같이 훙겹습니다. 조금 생소한데 굉장히 재미있었습니다.

그런데 1교시 끝나고 점심시간이 되면 분위기는 갑자기 초상집이 됩니다. 가답안 나오기 전이라 서로 답을 맞혀보고 이것도 틀리고 저것도 틀리고 난리가 납니다. 제가 보기에는 두 분 다 틀리고 저도 틀린 것 같은데 말입니다. 그렇게 어찌어찌 점심 이후에 2교시와 3교시 시험이 이어지는데 갈수록 분위기는 다운되고 무거워져 갑니다. 제가 시험 보던 해에 뒤로 갈수록 문제가 어려워서 그랬을 수도 있지만 어쨌든 여러 시험 중에 가장 독특한 경험이었습니다.

제 경험에 비추어 당부드리고 싶은 것은 지나간 시험보다는 다음 시간에 집중해야 한다는 것입니다. 1교시 끝나고 1교시 시험 답 맞춰보지 말고 2교시, 3교시 시험 준비하는 것이 시험에는 훨씬 유리합니다. 강사님들도 여러 차례 강조하는데도 막상 시험장 분위기는 그렇지 못하고 각 학원 수강생별로 삼삼오오 답 맞춰보느라 다음 시험에도 지장을 주는 경우가 많습니다. 이는 바람직하지 않습니다. 사실 이렇게 말하는 저도 2019년 감정평가사 2차 시험에서 1교시에 했던 실수가 2교시와 3교시에 계속 얹히면서 3교시 시작할 때는 시험지 글씨가 보이지 않고 머리가 하얘질 정도로 나약한 멘탈의 소유자였습니다. 부디 저와 같은 실수 하지 않기를 바라는 마음에 당부드려 봅니다.

가답안 기다리기, 분노의 눈물과 채점 후 웃음

공인중개사 시험은 1차, 2차 모두 객관식이고 하루에 진행되는 시험이라 3교시까지 시험이 끝나면 1차와 2차 첫 번째 시간 과목에 대한 학원별 가답안은 학원 홈페이지나 인터넷 카페에 미리 나와 있어서 시험이 끝나면 곧바로 채점이 가능합니다. 저는 1차 민법이나 부동산학개론은 자신이 있었고 2차 중개사법과 공법도 바로 채점해 보니 모두 합격점 이상이었습니다. 다만 마지막 등기법과 세법에서 너무 애매한 문제가 많아 가답안 나오기를 기다리는 30분 정도의 시간 동안 차 안에서 너무 화가 나서 눈물이 났습니다. 다른 과목 모두 괜찮은데 세법 한 과목 때문에 불합격인가 싶어 그야말로 억울한 생각까지 들었고 다시는 책을 보고 싶지도 않을 정도였습니다. 막상 답안이 나오고 채점해 보니 여유 있게 합격할 점수가 되어 비로소 안도하고 웃었던 기억이 있습니다.

떨어졌다고 생각하니 눈물이 났고 합격하니 웃음이 나오는 시험이 공인중개사 시험입니다. 당연한 이야기처럼 들리시나요. 감정평가사 시험에 대해서 다음 장에서 이야기하겠지만 평가사 시험은 불합격했다고 생각할 때는 화가 났지만, 눈물이 나지는 않았고 합격 후에야 눈물이 났습니다. 두 시험에 대한 태도나 결과에 대한 반응의 차이는 분명 각 시험에 따라 다른 의미가 있었기 때문이겠지요.

공부하는 기간이 상당했기에 많은 지인과의 연락이 뜸해지고 점점 멀어지는 것 같아 늘 아쉬웠습니다. 한편으로는 내가 어떤 상황에 있어도 먼저 연락하고 안부를 전해오는 오히려 더욱더 고마운 사람도 생겼습니다. 그중 한 분은 일로 만난 사이였는데 퇴사 이후에 오히려 가까워졌고 가끔 전화해서 시답지 않은 농담으로 잘 버티고 있음을 서로 확인하는 선배가 있습니다. 「가족사진」이라는 노래를 들으면 그렇게 눈물이 나서 50에 가까운 나이인데도 라디오에서 그 노래가 나오면 길가에 차를 세우고 펑펑 운다고 합니다. 저는 제 앞가림에 바빠서인지 눈물 날 만큼의 감동은 아니었는데, 시험 결과를 기다리던 중에 우연히 임재범의 「비상」이라는 노래를 듣고 몇 시간 동안 반복하면서 거의 반나절 내내 울었던 적이 있습니다. 이처럼 노래 가사 하나마저도 각자가 처한 상황에 따라 의미가 다르게 다가오는데 시험은 더 한 것이겠지요. 공인중개사 시험의 의미와 감정평가사 시험의 의미가 조금은 달랐던 것 같습니다.

공인중개사 자격증의 의미

예전에 친구들과 강원도에 있는 스키장에 갔다가 저녁에는 정선 카지노에서 시간을 보낸 적이 있습니다. 정선 지역은 탄광이 위치하던 곳을 내국인 입장이 가능한 카지노로 변화시켜 석탄 산업이 쇠퇴하면서 사라지게 된 탄광이 있는 도시 중에서 가장 번화하게 된 지역이라는 것은 모두 잘 알 것입니다.

석탄을 캐기 위해서는 계속해서 지하로 땅을 파고 들어가야 합니다. 온통 새카매진 얼굴로 누군가는 곡괭이를 들고, 다른 누군가는 삽을 들고 그러다가 어느 정도 파낸 다음에는 폭약을 설치해서 폭발시키고 갱도를 넓혀가면서 광물을 채취하는 것이 미디어에서 본 탄광의 모습입니다. 여기서 주목할 것은 누가 어떤 도구를 들고 있는지입니다. 모두 각자의 역할과 능력에 맞는 연장을 들고 일을 합니다. 아무래도 삽이나 곡괭이보다는 폭약이 효율적이겠지만 누구나 폭약을 들고 일을 할 수는 없겠지요.

자격증도 그런 것이 아닐까요. 누구의 손에 있는지에 따라 삽처럼 쓰일 수도 있고 폭약처럼 쓰일 수도 있는, 그런 슈퍼패스와 같은 카드 말입니다. 우리가 자격증을 취득한다는 것은 도구를 손에 쥐는 것과 같습니다. 어떤 도구로 쓰일지는 그 사람의 역량에 따라 달라지는 것입니다. 누군가는 운전면허증을 가지고 운수회사를 차

리지만 다른 누군가에게 면허증은 곧바로 장롱행이 될 수도 있는
것처럼 말이지요.

　40대에게 자격증은 어떤 의미일까요. 무언가를 할 수 있는 권리
증 정도인 것 같습니다. 내가 마음만 먹으면 시작할 수 있게 해 주
는 마법카드 같은 것이라고 하면 너무 만화 같은가요. 자격증을 딴
다고 모두 성공한다는 보장을 할 수는 없습니다. 이는 공인중개사
뿐만 아니라 다른 전문자격증도 자격증 취득만으로 성공이나 생계
가 보장되던 시절은 더 이상 아닙니다. 그렇지만 적어도 새로운 기
회를 열어주는 손잡이의 역할은 가능할 것입니다. 그 기회를 어떻
게 사용할지는 자격증 취득 이후의 문제입니다.

　저는 자격증을 취득하고 연수 후에 곧바로 공인중개사 사무소를
개업했습니다. 중개사가 할 수 있는 다양한 분야 중 하나인 경매와
권리분석 분야 위주로 일을 시작했습니다. 하지만 이미 평가사 공
부를 시작한 후였고 마음이 점점 공부 쪽으로 기울다 보니 아무래
도 시간을 들여 공인중개사 업무를 지속하기가 쉽지 않았습니다.
결국 몇 건의 거래 후에 다시 전업 수험생의 길로 본격적으로 들어
섰습니다.

　저한테 공인중개사 자격증은 다루기 어려운 도구였지만, 당시에
같이 연수를 받고 개업한 많은 동기 중개사님들은 지금도 제주 지

역에서 활발하게 활동하시고 계시는 걸 보면 그분들에게는 손에
착 감기는 훌륭한 도구가 된 것이겠지요. 어떤 것이든 자기 손에 잘
맞는 도구가 하나쯤은 있어야 손은 덜 아프고 더 빨리, 더 많이 석
탄을 캐낼 수 있을 것입니다. 모두가 최고의 도구를 하나씩 손에
쥘 수 있기를 바라며 공인중개사 이야기를 마칩니다.

감정평가사

어떻게 감정평가사를
선택하게 되었나?

공인중개사 합격 후 자신감

공인중개사는 시험 준비 기간이 8개월로 촉박해서 시험에 관련 정보를 수집할 엄두도 내지 못하고 오로지 교재와 문제집만 보고 시험장에 들어갔습니다. 시험 후에야 비로소 '공사모'라는 인터넷 카페에 가입해서 이런저런 시험에 관련된 이야기들을 접할 수 있었습니다. 합격과 불합격에 관한 많은 글이 있었는데 합격한 사람들의 글에서는 기쁨은 물론이고 자신감 넘치는 밝은 기운이 느껴졌고 저 역시도 굉장히 에너지가 충만해지는 기분이 들었습니다. 또 합격 이후를 준비하기 위한 여러 글이 있었는데 그중에는 감정평가사에 관한 물음과 답도 상당수 있었습니다. 공인중개사 카페이다 보니 대략 1차 시험 난이도는 비슷하다, 내지는 공인중개사가 조금 더 어렵지만 2차는 쉽지 않다는 글들이 많았습니다.

합격 이후에 좀 더 공부하고자 하는 것은 나쁘지 않은 선택이고 공인중개사와 같이하면 시너지효과가 있는 주택관리사 또는 법무사나 감정평가사 시험에 대한 도전은 긍정적이라고 봅니다. 저 역시도 시험 합격 후 얻게 된 할 수 있다는 자신감이 감정평가사라는 영역에 관심을 두게 한 점도 분명 있습니다. 시험을 준비하기로 결정하기까지 추가로 거의 2개월이 소요됐습니다. 관련 정보나 시험에 대한 난이도, 심지어 합격 수기까지 찾아보며 고민하였습니다. 공인중개사 시험 합격에서 얻은 자신감이 감정평가사를 도전해 보자는 최종 결정에 가장 큰 원동력이 되었습니다.

　과유불급(過猶不及)이라는 말이 있습니다. 제가 공인중개사 카페에서 본 것 중 그야말로 자신감이 넘쳐, 가도 너무 간 글들이 있었는데 바로 과외 모집 글이었습니다. 심지어 6개월 정도 공부하고 커트라인 살짝 넘겼는데 전 과목 과외를 하겠다고 올린 글도 보았습니다. 자랑하고 싶고 합격자 입장에서는 시험이 만만해 보이는 심정을 모르는 바 아닙니다. 그러나 제가 보기에는 그저 아는 게 반이고 모르는 게 반인 상태에서 운이 좋아 합격한 수준인 것 같은데 누군가를 가르치겠다고 돈을 받고자 나서는 것은 도를 한 참 넘는 과도한 자신감으로밖에 보이지 않았습니다. 자기가 아는 것과 남을 알게 하는 것은 완전히 다른 영역인데 그런 이해조차 없이 과외 글을 올린 것은 자신을 망치고 만에 하나라도 과외를 받는 누군가 있다면 그 사람까지 망치는 과유불급으로밖에 설명할 수 없는 최악의 자신감 남용 사례입니다.

공인중개사 시험에 대해서 각자 생각하는 바는 다르더라도 합격하면 분명 기분 좋고 자신감이 생기는 것은 명확합니다. 그렇다면 그 자신감이 넘치지 않는 선에서 자기가 할 수 있는 또 다른 도전을 시도하는 것은 충분히 가치 있는 일입니다. 그리고 가능한 일입니다. 이제 저도 했고 여러분도 할 수 있는 그 이야기를 시작합니다.

대한민국 전문직에 대한 기대감

공인중개사 시험 합격 후 감정평가사에 대해 관심이 생기기는 하였지만 감정평가사의 2차 시험 합격률이 10% 선이고 그나마도 좋은 대학을 나온 똑똑한 20~30대 젊은 친구들이 주로 합격한다는 사실과, 가장 걱정스러운 것은 실무라는 과목은 과락률이 60~70%에 달한다는 이야기들로 인해 결정을 망설일 수밖에 없었습니다. 검색하다가 어떤 때는 내가 도전할 수 있는 시험이 아니구나 싶어 그대로 노트북을 덮기도 하였습니다. 그러다 다시 미련이 남아 어느새 또 폭풍 검색을 하고 있는 스스로를 발견하곤 했습니다. 그야말로 사춘기도 아닌 40대의 아저씨의 마음이 하루에도 수십 번씩 변하는 질풍노도의 시간이었습니다.

살아오면서 자기 과거를 칭찬해 줄 일이 얼마나 있겠습니까. 다만 감정평가사 시험을 준비할지 말지 고민하는 동안 가장 잘했던 것은 최종적으로 결정하지 않은 상태였어도 혹시 모를 도전의 가능성을 열어두고 당시 무료 강의였던 회계 입문 강의를 들으면서 토익 시험 준비를 했던 일입니다. 중개사 사무소 개업을 생각하고 있던 차라 합격자 발표와 연수를 기다리는 동안 딱히 다른 할 일이 없기도 했고 매일 가던 도서관이 몸에 배서인지 모르겠지만 하루에 몇 시간이라도 취미 생활하듯 인터넷 강의를 듣다 오고는 했습니다.

그러나 결정은 쉽지 않았습니다. 만만치 않은 시험의 난이도와 준비 기간 등은 결정을 계속 주저하게 했습니다. 그러다 공인중개사 연수를 받던 중에 세무사 한 분이 강의하는 시간이 있었습니다. 세법 관련 내용이니 복잡하고 어려울 수 있는 이야기인데도 참 쉽고 재미있게 강의를 이어가셨습니다. 중간중간에 전문직에 대한 이야기도 들을 수 있었는데 이 강의가 저에게는 결정적인 방아쇠가 되었습니다. 전문직. 듣기만 해도 가슴 설레게 하는 단어가 아닌가요. 그래서 저는 어찌 보면 아이러니하게도 공인중개사 연수 중에 감정평가사 시험에 도전하기로 결심하게 되었습니다.

전문직의 사전적 의미는 전문적인 지식이나 기술이 필요한 직업을 말합니다. 우리는 모두 자기 분야에서 전문적 지식과 기술을 바탕으로 일을 하고 있으니 사실 모두가 전문직입니다. 하지만 전문직에 대해서는 법적인 정의와 함께 우리 사회에서 받아들이는 구체적인 기준이 있다는 사실을 아는 사람은 많지 않은 것 같습니다.

우선은 부가가치세법 시행령에 있는 간이과세 배제 업종에 해당하여야 하고, 두 번째로 기간제 및 단시간근로자 보호 등에 관한 법률 시행령 제3조에서 "전문적 지식·기술의 활용이 필요한 경우로서 대통령령이 정하는 경우"라고 하여 전문직의 정의를 법으로 정하고 있습니다. 아울러 사회적 기준으로 삼기 가장 좋은 예는 은행의 분류라고 할 수 있습니다. 이에 모두 해당하는 직종이 법적, 사회적으로 인정받는 전문직이고 구체적으로는 '의사, 한의사, 약사, 수의사, 변호사, 변리사, 법무사, 공인노무사, 공인회계사, 세무사, 관세사, 감정평가사, 조종사, 건축사'가 이에 해당합니다. 법이 그리고 사회가 나를 인정해 주는 전문직이라는 말이 너무나 가슴을 뛰게 했고 모든 어려움에도 불구하고 도전을 결심하게 하였습니다.

어찌 보면 결정의 이유치고는 다소 무모하고 순진하다 할 수 있겠습니다. 그러나 언제나 치밀한 계산과 계획만으로 세상이 변화하는 것은 아니지 않습니까.

40대 인생이 바뀌는 공부

Q6.

학원은
어떻게 선택할 것인가?

앞서 공인중개사는 어떤 브랜드의 강의를 선택하여도 모두 합격이 가능한 것이니 크게 고심할 필요가 없다고 하였습니다. 마찬가지로 감정평가사 1차 대비는 어느 학원이나 크게 차이가 나지 않습니다. 하지만 2차는 어느 강사님의 수업을 듣느냐에 따라 답안지 구성과 강약의 비중을 두는 포인트가 달라져서 수험 전반에 굉장히 중요한 부분이 됩니다. 특히나 법규 과목은 강사님들 간에도 논점에 대한 견해를 달리하는 경우가 있어서 중간에 강의를 바꾸면 상당히 흔들릴 수 있어서 신중에 신중을 기해야 합니다.

개인적인 생각에는 감정평가사 2차 시험 대비 강의 기준으로 아직 1타라고 공인할 만한 절대강자는 존재하지 않는 혼돈의 시대인 것 같습니다. 강사님들 대부분이 평가사 선배님들이라 강의에 대한 냉정한 평가가 이루어지기는 조금 어려운 폐쇄적인 구조이기도 합니다. 더욱이 문제에서 요구되는 스타일이 매번 조금씩 달라지기 때문에 출제 경향이라고 할 만큼 어느 정도 일관된 틀이 없다 보니 매년 시험 문제에 따라 특정 강사님이 올해 잘 가르쳤다고 해서 같은 방법으로 내년에도 잘 가르친다는 평을 듣기가 어렵기도 합니다. 그래서 공인중개사는 학원의 수가 많지만, 결정이 어렵지 않은 반면에 감정평가사는 종합반을 운영하는 학원이 몇 개 되지 않음에도 불구하고 학원 결정부터 쉽지 않습니다. 그렇다고 이도 저도 귀찮으니 나는 독학하겠다고 생각하면 수험 기간이 길어질 가능성이 높아져 정말 위험합니다.

학원 문제는 참 답하기가 어렵습니다. 자칫하면 특정 학원을 홍보하는 것으로 보일 우려도 있고 저 역시도 특정 과목은 중도에 자의로 강의를 바꾸었는데 그 강사님이 건강 문제로 강의를 그만두시게 되어 새 강의로 또 바꾸는 등 우여곡절이 많아서 쉽게 말씀드리기가 어렵습니다.

다만 일반론적인 답을 드리자면 첫째는 샘플 강의나 수험생 코멘트 등을 충분히 들어보고 나와 맞는 강의를 결정해야 합니다. 강의가 재미는 있지만, 전달력이 떨어지는 경우가 있는가 하면 조금 지루하지만, 답안에 쓸 수 있게 잘 정리해 주시는 강의도 있습니다. 처음 공부 시작하는 수험생에게 적합한 경우와 어느 정도 공부가 된 상태에서 들어야 좋은 강의가 다른 경우도 있고요. 학습상태에 따라 천차만별이라 샘플 강의를 충분히 들어보고 공들여 조사한 후에 결정해야 합니다. 이 시간을 절대 버리는 시간이라고 생각해서는 안 됩니다.

시행착오로 인하여 후에 있을지도 모르는 위험을 최소화하는 시간으로 삼기에 충분히 가치가 있습니다.

두 번째로는 잘 가르치는 강사를 정해야 합니다. 그런데 어떻게 잘 가르치는 강사를 구별할지가 문제겠지요. 저도 이 학원 저 학원 적지 않은 강사님들의 강의를 들었지만, 처음에는 알기가 굉장히 어렵습니다. 그런데 강의를 듣다 보면 반복적으로 이것도 중요하고 저것도 중요하다고 말하는 강의는 지양해야 합니다. 어떤 것이 중요한지 몰라서 강의를 듣는 수험생인데 다 중요하다고 하면 차라리 책을 통으로 외울 일이지 학원을 왜 다니겠습니까. 그리고 강의 중에 이 부분은 어려우니까 뒤에 가서 자세히 한다고 넘어가는 강의는 조심해야 합니다. 그런 경우 뒤에 가면 앞에서 했으니 간략히 설명하고 넘어간다고 하는 강사님들도 종종 있습니다. 이런 강의를 택하면 힘들어집니다. 이 부분은 강의를 본격적으로 들어봐야 아는 것이라서 선택의 문제라기보다는 지속의 문제에 가깝습니다.

세 번째로는 아니다 싶으면 최대한 과감하고 신속하게 갈아타야 합니다. 학원을 갈아타기에는 비용이 상당해서 부담이 크지만 그래도 어쩔 수 없습니다. 아니다 싶으면 최대한 빨리 갈아타는 것이 오히려 시간과 비용의 손실을 줄이는 방법입니다. 머뭇거릴 시간에 다시 시작하는 것이 훨씬 빠르고 1년 수험 생활을 더 하는 것보다는 저렴하니까요.

네 번째로는 종합반을 고집하지 말아야 합니다. 객관식은 설령 강의력의 차이에 따른 수험의 어려움이 있더라도 스스로 충분히 극복이 가능하지만 서술형 시험에서 좋은 강사님을 선택한 경우와 그렇지 못한 경우의 차이는 너무나 큽니다. 그렇다면 2차 준비는 필요하다면 각 과목에 따라 개별로 강의를 선택하는 대안도 적극 고려해야 합니다.

다섯 번째는 기본 강의는 한 명의 강사님의 수업을 따라가면서 어느 정도 개념 정리와 답안의 기초 틀을 잡아야 합니다. 이후에 주말 스터디는 한 개를 고집하지 말아야 합니다. 가능하다면 두 군데 학원 정도를 병행할 것을 권합니다. 수험 첫해나 2년 차까지는 여유가 없기 때문에 쉽지 않지만, 서술형은 답안을 자주 쓰다 보면 특정 강사의 스타일에 맞춰지는 경우가 있기 때문에 가능하면 유형이 판이한 다른 강사의 문제를 병행함으로써 어떤 유형으로 출제될지 모르는 실제 시험을 대비하는 것이 좋습니다.

Q7.

얼마나 해야 합격할까?

우선 1차

감정평가사 1차 시험은 민법, 경제학 원론, 부동산학 원론, 감정평가 관계법규, 회계학의 5과목으로 구성되어 있으며 과목별 40문항씩입니다. 이 중 공인중개사 시험 과목과는 정확히 50%의 범위가 겹치게 됩니다. 민법, 부동산학 원론, 관계법규에서 약 절반 정도의 범위가 거의 일치해서 중개사 시험에 합격하고 곧바로 감정평가사 시험을 준비한다면 2.5 과목은 문제 풀이 정도만 해도 충분합니다. 경제와 회계에 집중하고 관계법규 암기하면 3개월 만에도 합격이 가능합니다.

추천하는 스케줄로 10월 말 공인중개사 합격 전제하에 곧바로 감정평가사 1차 시험을 준비하면 보통 3월이나 4월에 있는 감정평가사 1차 시험에 큰 무리 없이 합격할 수 있게 됩니다. 시험 과목이 겹치기도 하지만 무엇보다 공부에 대한 감이 살아 있기 때문에 단기간에 가능한 일입니다. 유튜브를 보면 공인중개사 합격생은 감정평가사 합격이 쉽다는 영상이 있는데 이는 반은 맞고 반은 틀린 말입니다. 1차 과목의 절반 정도는 출제 범위가 같아서 상대적으로 쉽게 1차 시험에 합격할 수 있다는 뜻입니다. 감정평가사 2차와 공인중개사 시험은 연관성이 없고 사실 모든 고시급(또는 준 고시)의 진짜 시험은 2차라고 보아야 하므로 정확히는 공인중개사 합격생은 감정평가사 1차 시험의 합격이 쉽다. 라고 이해하여야 맞습니다.

많은 분이 공인중개사 시험과 감정평가사 시험의 난이도에 대해 궁금해하는 것 같아 두 시험 모두 경험해 본 수험생으로서 애정남(애매한 것을 정해주는 남자) 입장으로 최대한 객관적으로 정리하겠습니다. 서술형 2차 시험의 유무로 시험 구조가 완전히 다르기 때문에 시험 자체에 대한 비교는 뒤로하고 우선 1차 시험 난이도에 대해 이야기해 보겠습니다.

일단 민법이나 부동산학의 문제 자체만 놓고 보면 지문의 길이나 답을 꼬아서 내는 정도는 중개사가 조금 더 복잡합니다. 그러나 전체적인 난이도를 본다면 평가사 시험이 다소 높습니다. 경제와 회계과목이 어려운 것도 있지만 가장 큰 이유는 시간입니다. 중개사 시험은 40문제에 50분이 배정되어 있지만, 평가사 시험은 40문제에 40분이 배정되어 시간이 무려 20%나 짧기 때문에 문제를 보면 생각할 시간 없이 답이 나와야 합니다. 두 번 세 번 읽으면 시간이 부족하기 십상입니다. 결국 짧은 시간에 문제를 풀기 위해서는 평가사 시험이 좀 더 많은 공부를 요하게 됩니다.

앞서 말한 대로 1차 시험은 공인중개사 시험을 합격할 실력이면 몇 개월만 준비해도 충분히 합격 가능한 수준입니다. 또한 중개사 공부를 한 적이 없는 일반적인 경우에는 민법, 부동산학 등에 투자할 시간을 더하여 보수적으로 준비한다고 가정하면 8~10개월 정도는 잡아야 하고 공인중개사 시험과 마찬가지로 문제집 한 권을 제대로 독파하면 가능한 수준입니다.

그리고 2차

감정평가사 2차 시험의 가장 큰 어려움은 자신의 수준을 파악하기가 굉장히 어렵다는 것입니다. 서술형이라 스스로 채점할 수도 없고 자신이 어느 위치에 있는지 바로 확인할 수가 없기 때문입니다. 내가 아주 좋은 답안을 썼다고 생각했지만, 남들이 더 좋은 답안을 써냈을 수도 있고, 반대로 너무 어렵다고 생각했는데 남들은 더 어려워서 못 풀었을 수도 있는 상대평가의 시험이기 때문입니다. 그러면 어느 정도 해야 합격권이라고 말할 수 있을까요. 제 경험과 합격자들의 수기를 종합해 보면 실무, 이론, 법규라는 세 과목이 하나의 과목으로 연결되는 지점을 통과하면 합격하는 것 같습니다. 마치 영화에서 타임머신을 타면 속도가 빨라지다가 마침내 어느 하나의 점을 통과하면서 과거로 가는 것처럼 세 개의 과목이 무한히 넓게 펼쳐져 있다가 마침내 하나로 모이는 그 점을 지나는 순간 합격이 가능해지는 실력에 도달하게 됩니다. 그다음부터는 실력 이외의 요인들에 의해 합격이 결정되는 것 같습니다. 저는 2년 차 때는 단 한 번도 이런 느낌을 받아본 적이 없었는데 3년 차 공부 중에 어느 때부터인지 세 과목을 하나의 과목처럼 공부하게 되었고 그해에 합격하였습니다.

얼마나 공부해야 하는지에 대해 구체적인 답을 기대하였다면 실망이 클 것 같습니다. '결론은 열심히 하면 될 것이다'와 크게 다를 바 없는 답이 될 것입니다. 얼마나 공부해야 합격할 수 있냐는 물음은 마치 일반인이 42.195km의 마라톤을 완주하기 위해 얼마나 훈련이 필요한지에 대한 답을 구하는 것과 같습니다. 사람에 따라 3개월 만에 가능할 수도 있고, 3년을 훈련해도 못할 수도 있는 것처럼 대략 하루에 12시간씩 3년이라고 한다면 그 시간 동안 집중한 공부의 질(quality)이 다르고 배경지식이 다른데 어떻게 수치로 답을 할 수 있겠습니까.

다만 희망적인 것은 감정평가사 시험의 경우 최근 합격자들의 수험 기간이 상당히 짧아지고 있다는 사실입니다. 내년에 어떻게 문

40대 인생이 바뀌는 공부

제가 출제되는지에 따라 달라질 수도 있겠지만 2020년에는 준비 2년 차 합격생도 예년에 비해 상당히 많이 나왔습니다. 이는 학원 강의 수준이 상향 평준화되어 가고 있으며 수험생들이 과거에 비해 시험에 적합하게 공부하는 경향이 많이 반영되어 그런 것 같습니다. 그래도 혹시라도 굳이 기간을 궁금해 한다면 공인중개사는 6개월~1년 정도, 감정평가사는 최소 2~4년 정도 각오하고 준비하면 가능할 것입니다.

앞서 40세를 불혹이라고 했는데 요즘은 고령화 시대이고 대부분이 젊게 살아가는 추세라 외모뿐만 아니라 정신연령이나 사회적 연령도 예전의 나이를 기준으로 하는 게 아니라 '지금 나이×0.8=예전 나이'라는 공식이 있다고 하네요. 예를 들어 현재 50세라면 거기에 0.8을 곱해 40세가 되는데 요즘의 50세는 예전을 기준으로 하면 40세 정도의 외모나 정신적, 사회적 연령을 갖는다는 뜻인데 전혀 틀린 것만은 아닌 것 같습니다. 실제로 옛날에는 60세면 노인이었는데 요즘은 한창인 나이라고 할 수 있으니 어느 정도는 맞는 말이지요. 그러면 우리가 40세 중반이라고 하면 ×0.8 해서 35세 정도 되는데 저와 같이 30대 중반의 패기와 열정으로 시작해 보는 것은 어떤가요.

객관식 VS 서술형

소에 쟁기를 매달고 논이나 밭을 갈아 씨앗을 심을 준비를 합니다. 하지만 소가 쟁기질을 하는데 요령을 부리고 띄엄띄엄 갈다가 말다가 하면 그해 농사는 잘 안될 것이 당연한 일입니다. 밭을 가는 농부와 소에게 필요한 것은, 모 드라마에서 배우 현빈이 입고 나온 한 땀 한 땀 공들여 만들었다는 명품 트레이닝복을 만든 장인의 우직함과 성실함입니다. (여담이지만 현빈이 입으면 트레이닝복이고 수험생이 입으면 추리닝입니다. 우리도 트레이닝복을 위하여 파이팅해 보면 좋겠습니다.)

다시 돌아와서 시험은 어떨까요. 성실함만으로 반드시 좋은 결과를 얻을 수 있을까요. 저는 부디 성실하게 공부한 많은 수험생이 반드시 좋은 결과를 얻기를 바랍니다. 하지만 빠져나가기 전에 들이부어서 순간적으로 폭발시켜야 하는 시험은 요령이 필요합니다. 그래서 시험의 출제 형태에 따른 공부 방법도 달리할 필요가 있는 것입니다.

공인중개사 시험은 1, 2차 모두 객관식이지만 감정평가사는 1차는 객관식이며 2차는 서술형으로 구성되어 있습니다. 그렇다면 객관식과 서술형을 똑같은 방법으로 막연하게 열심히만 해서는 좋은 결과를 기대하기 어려울 수 있습니다. 사실 제가 그런 시행착오를 겪었기에 여러분은 조금 더 요령 있게 공부해서 빨리 목표한 지점에 가기를 바랍니다.

객관식과 서술형의 가장 큰 차이점은 문제 안에 답이 있는지 여부입니다. 객관식은 문제당 1번부터 5번까지 선지가 주어지기 때문에 그 안에 분명히 있는 답을 골라내기만 하면 됩니다. 즉 지문을 모두 통으로 외우고 있지 않더라도 답을 찾아낼 수 있습니다. 그리고 기억 구조상 조그만 힌트가 던져지면 거기서 무언가를 유추하고 찾아내는 것은 상대적으로 쉽습니다. 즉 문제를 읽고 선지를 읽다 보면 생각이 나는 구조입니다. 그래서 교재 전부를 달달 외울 것이 아니라 문제에서 답을 찾아낼 때 필요한 불쏘시개가 되는 부분만을 요약해서 암기하면 됩니다. 또한 교재의 전 범위를 넓게 공부하는 것이 필요합니다. 객관식 40문항에 200개의 선지를 만들기 위해서는 교재 전 범위에서 뽑아내야만 합니다. 그러니 교재의 내용을 버리는 부분 없이 고르게 공부하는 것이 유리합니다.

반면 서술형은 백지상태에서 출발하기 때문에 자신이 서술할 부분이 충분하게 암기되어 있어야 하고 문제 해결을 위한 라이팅(lighting), 즉 서술이라는 불을 피우기 위해서 점화를 위한 부싯돌을 찾는 것 자체가 어려운 경우가 많습니다. 서술형은 목차에 '1. 논점의 정리'라고 쓰고 나면 그 내용을 어디서부터 시작해야 할지 막막한 시간이 수험 기간 중 상당히 오랜 기간 지속됩니다.

서술형은 암기되어 있지 않으면 답을 쓸 수가 없기 때문에 반드시 암기가 필요하지만, 교재의 모든 것을 암기할 수는 없기 때문에 결론적으로 선택과 집중이 필요합니다. 그래서 다 중요하다고 설명하는 강의가 아니라 중요도를 구분할 수 있는 강사의 강의가 꼭 필요한 이유입니다. 중요도를 A, B, C, D로 구분하여 A급을 우선적으로 하되 A급이 어느 정도 완성이 되면 B급, C급 순으로 암기 범위를 넓혀가는 방식의 공부가 필요한 것입니다.

'요령을 피운다'라는 말은 어감 자체에 부정적인 이미지가 있는 것 같습니다. 잔꾀를 부린다는 것 같기도 하고 무언가 성실하지 못하고 조금은 불량한 듯한 느낌적인 느낌말입니다. 그렇다면 '요령이 있다'라는 말은 어떤가요. 누구는 일을 참 요령 있게 한다는 말은 칭찬이겠지요. 수험에 있어서는 요령을 피우지 말되 요령 있게 공부해야 합니다.

선(先) 이해 후(後) 암기, 안되면 일단 암기

중개사 강의는 수험생 연령대가 다양해서인지 강사님들이 대체로 세세하면서도 암기하기 쉽게 설명해 주십니다. 특히 제가 공부할 때 중개사법을 강의하시는 임선정 강사님이 그려준 부처님 그림은 수년이 지난 지금도 생각이 날 정도입니다. 공인중개사와 평가사 시험의 부동산학원론 강의하시는 국승옥 강사님의 강의 스타일이 전형적인 중개사 시험 대비 강의 스타일이라고 봅니다. 그래서 강사님들이 시키는 대로 풀어보라는 문제 잘 풀어보고 외우라는 것들 다 외우면 합격 가능성은 상당히 높아집니다.

반면 감정평가사 강의는 상대적으로 젊은 수험생들의 비중이 많고 어느 정도 스스로 공부할 수 있는 학생들이 대상이다 보니 스스로 찾아서 해야 하는 부분이 많습니다. 딱히 외워라 말아라 일일이 설명하지 않아도 알아서 필요한 부분 찾아 쓰고 외워야 해서 떠먹여 주는 강의에 익숙한 경우 초반에 적응이 필요합니다.

중개사도 평가사도 어떤 강사님도 외국어로 강의하는 경우는 없습니다. 다 쉽고 편한 우리말로 강의합니다. 그래서 반복하다 보면 이해하는 것은 어렵지 않게 됩니다. 그런데 문제는 풀 수가 없습니다. 저도 중개사 강의 기초, 기본 과정 듣고 나름 이해했다고 생각해서 자신 있게 모의고사를 봤는데 30점대로 참혹한 점수가 나와서 아차 싶었습니다. 많은 강의에서 강사님들이 암기할 것을 주문하고 강조하는데 시험을 위해서는 어쩔 수 없는 것 같습니다.

저는 특히나 법규 과목이 생소해서 고생을 많이 했는데 강의를 듣고 책을 보아도 이해하기 어려운 경우는 결론적으로 외워서 해결하는 방법을 택했습니다. 시험은 이해가 안 되던 것들이 암기하고 다시 보면 이해되는 경우가 많이 있습니다.

  암기하는 과정은 고통스럽습니다. 외우는 그 과정 자체도 힘들지만 외웠다고 생각해도 며칠 지나면 다시 생각나지 않고 그야말로 고통 그 자체입니다. 저는 올해 만 44세로 96학번입니다. 고등학교 수학여행 때 서태지의 「난 알아요」가 히트했었는데 지금 잠깐 노래 불러볼까요. 랩 부분이 많아 가사가 상당한데도 거의 처음부터 끝까지 외워지네요. 어떠신가요. 초반에 집중적으로 반복하고 그다음에는 일정한 주기로 반복하면 더 어려운 것들도 장기기억으로 저장할 수 있다는 희망이 아닐는지요.

  나이가 중요한 것이 아니라 누구나 의지를 가지고 도전하면 할 수 있다는 것을 말하고 싶습니다. 그렇다고 시험을 준비하는 과정이 쉽다고 달콤하게 포장해서 모두를 시험에 뛰어들게 하고 싶지는 않습니다. 시험을 준비하는 과정은 수많은 고통입니다. "No Pain No Gain"이라고 했던가요. 고통을 피하려고 한다면 합격도 피해갑니다. 나만 쉽게 갈 수 있는 지름길은 없습니다. 강의 듣고 이해한 것 같아 넘기고 시험장에서 기적적으로 생각나서 문제를 푸는 경우는 없습니다. 그저 계속되는 반복을 통한 지속적인 암기만이 합격을 가능하게 할 뿐입니다. 암기하는 것은 고통스럽지만 시험에 있어서 가장 확실한 약속입니다.

막내가 태어나고 얼마 후 시작한 시험, 그 교재가 어느새 아들의 키보다 훨씬 커졌습니다.
공부를 1년 더 했다면 제 키도 넘었을 것 같아 아찔하기만 합니다.

Q8.

시험, 그리고 불합격, 합격은 어떻게?

2018년 1차 합격, 2차 불합격, 2019년 2차 불합격

공인중개사 시험이 끝나고 12월부터 감정평가사 1차 시험 준비를 했고 공인중개사와 겹치는 과목은 문제집만 보고 경제와 회계 위주로 공부하였습니다. 경영학과를 졸업하기는 했지만 사실 공부를 안 해서 생소하기는 비전공자와 별반 다를 것이 없었습니다. 특히나 경제는 강의를 들으면 들을수록 분명하게 알게 되는 한 가지는 '내가 지금 강사님이 무슨 말을 하는지 모르는구나'였습니다.

좀 더 솔직히 말하면 당시 시험 준비하면서 경제, 회계 두 과목은 확실히 아는 문제로 15개만 풀자는 심산이었습니다. 그러면 15개 중 2~3개를 틀린다고 치고 35점 전후로 점수를 확보한 후 나머지 25문제는 일렬로 찍으면 확률상 5문제를 맞출 수 있게 되니 과락만 넘기자는 계산이었습니다. 그나마 자신 있는 민법, 부동산학에서 80점 이상 점수를 올려 턱걸이라도 합격을 노려본다는 다소 무모한 계획이었습니다. 열심히는 했습니다. 3개월 정도 되는 시간 동안 일요일 반나절 정도를 제외하고는 하루에 12시간 이상 공부했고 그중 8시간 정도는 회계, 경제에 투자하였습니다.

시험 준비 기간이 3개월 정도밖에 안 되다 보니 합격에 대한 기대감보다는 어쩌면 될 수도 있다는 가능성 정도만 가지고 시험을 보았습니다. 다행히 막판에 집중적으로 외우고 들어간 문제가 많이 출제되어 평균 65점으로 합격하였습니다. 감정평가사 1차 시험은 공단의 공식 답안이 오후 5시에 발표되는데 육지에서 시험 보고 바로 제주에 내려와 공항 구석에서 여행객들 사이에 쭈그리고 앉아 답안을 맞춰보던 기억이 엊그제 같습니다. 벌써 3년 전의 일이네요.

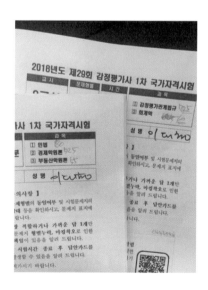

1차 합격 후 곧바로 2차 시험 준비를 시작하였으나 공인중개사 사무소 개업 등으로 3개월 동안 기본서 1회독도 못 한 상태로, 아는 것보다 모르는 것이 더 많은 채로 2018년 2차 시험은 시험장 구경 간다는 마음으로 큰 부담 없이 보았습니다. 흔히 수험생들 사이에서는 공부 시작하고 첫 2차 시험을 초시라고 하는 데 참가에 의미를 둔다는 뜻에서 올림픽 정신으로 시험 본다고 말합니다. 그러나 이 부분은 상당히 어폐가 있는 것이 적어도 올림픽은 최선을 다하고 그 결과를 받아들이는 것이라 큰 의미가 있는데 반에 상당수 수험생들이 그냥 시험장에 간다는 의미로 사용하면서 올림픽의 의미마저 훼손되도록 하는 것 같아 아쉽다는 생각입니다.

그렇게 2차 초시를 보고 2018년 7월, 8월은 제주 김녕 해수욕장에서 안전요원으로 근무하면서 공부를 병행했고 본격적으로 9월부터 전업으로 수험 생활을 하였습니다. 전체 수험 기간 중에 이때 가장 열심히 많은 시간을 투자해 공부했던 것 같습니다. 오전 9시부터 새벽 1시까지 하다가 2019년 1월부터는 독서실이 마감하는 새벽 1시 이후에 바로 옆에 있는 스터디카페로 이동해서 새벽 3시까지 했으니 많은 날은 하루에 식사 시간 빼고 16시간까지 하기도 했습니다. 그리고 토요일에는 아침 첫 비행기를 타고 서울 학원에 가서 스터디를 참여하고 다시 저녁 비행기로 제주도로 내려오는 그야말로 초강행군을 했습니다. 그런데 이렇게 했던 것이 오히려 독이 되었는지 체력적으로 지치다 보니 정신적으로도 지치게 되었습니다.

6월 말이 시험인데 5월부터는 모르는 것만 눈에 들어오고 강의를 들으면 이것도 모르고 저것도 모르는 것 같은 생각이 들었습니다. 불안감이 계속 커지더니 급기야 6월부터는 독서실에서 자리에 앉아 있는 것 자체가 힘들 정도로 극심한 슬럼프가 왔고 결국에는 마음속에서 올해는 안 되겠다 싶은 생각이 들어 이미 스스로 반은 포기하게 되었습니다. 결국 자신감이 심하게 결여된 상태로 시험장에 들어갔습니다. 1교시에 평소에 전혀 하지 않던 실수를 한 후 페이스 조절이 안 되면서 다음 교시 시험을 겨우겨우 답안의 3분의 2 정도 채웠습니다.

그런데 시험 후 발표된 점수를 보니 예상보다 훨씬 높은 점수가 나왔습니다. 당시 합격선이 40점대 후반이었는데 제 점수가 3과목 모두 과락 없이 40점대 중반이었습니다. 만약에 끝까지 페이스를 잃지 않고 자신감을 가지고 시험장에 들어갔다면 충분히 다른 결과가 나올 수도 있었겠다 싶어 너무도 안타까웠습니다. 시험은 페이스를 서서히 끌어올려서 막판에 확 몰아쳐서 끝내야 하는데 초반에 무리했던 것과 자신감 상실이 가장 큰 실패 원인이었고 이러한 경험은 그다음 해 시험에서 귀한 약이 되었습니다.

2020년 6월 1차 합격, 9월 2차 합격

2019년 2차 시험은 스스로 포기한 상태여서 굳이 결과를 기다릴 필요가 없었기에 시험 후 다시 7월, 8월은 해수욕장에서 근무하며 제주 바다에서 심신을 재정비했습니다. 틈나는 대로 책을 보기는 했습니다만 아무래도 지친 상태여서 그런지 실질적인 공부는 거의 하지 못했습니다. 이후 9월부터 다시 공부 본격적으로 시작했고 이때는 무리하게 페이스를 끌어 올리지 않고 꾸준하게 지치지 않는 정도로 오전 9시부터 새벽 1시까지 하는 스케줄을 시험 전까지 유지하였습니다.

1차 시험을 다시 보아야 하지만 한 번 합격했던 경험이 있어서 크게 부담스럽지는 않았고 코로나로 인해 시험이 3개월 연기되면서 공부할 수 있는 시간이 좀 더 생겨 자신 있게 시험을 볼 수 있었습니다. 1차 시험이 예년에 비해 어렵게 출제되었지만 자신감 있는 상태라 그런지 수월하게 합격했습니다.

문제는 다시 3개월 남은 9월에 있을 2차 시험인데 마음은 해수욕장에 가서 힐링하고 있었지만 그래도 최선을 다하고 시험에 임해야 의미가 있다는 생각이 들어 2020년에는 해수욕장 근무를 하지 않고 1차 시험 이후에 바로 2차 시험을 준비했습니다. 그런데 시험이란 게 정신적으로 사람을 참 나약하게 만드는 것 같습니다. 시험

일이 다가올수록 점점 자신이 없어지면서 전년도와 같은 흐름으로 자꾸 올해 시험도 포기하고 싶다는 생각이 들어 마음을 다잡기가 굉장히 힘들었습니다. 다행히 전년도 실패가 교훈으로 체득되어 있어 끝까지 포기는 하지 말자고 매일 되새기고 되새겼습니다. 전년도의 경험이 없었다면 아마도 포기하고 다시 다음 해를 기약했을 테지요. 불안했지만 될 수도 있다는 생각으로 포기하지 않았기에 최종적으로 합격할 수 있었습니다.

사람은 본능적으로 편하고 싶어 합니다. 시험이 다가오면 자꾸 포기하고 싶어지는 것도 얼마 남지 않은 시험에 대한 중압감에서 벗어나기 위해서 올해는 아니고, 내년에는 정말 열심히 하겠다는 것과 같은 자기변명을 만들어 지금의 어려운 순간을 회피하려고 합니다. 저도 그랬고 불합격하는 사람 대부분이 그랬을 것입니다. 그것을 이겨내야 하는 것이 또한 시험입니다. 문 앞에서 포기하지 말고 끝까지 자신감을 최대한 끌어올려 마지막 문을 열어내야 하는 것이 시험입니다. 많은 사람들이 문 바로 앞에서 손잡이를 돌리지 못한 채 포기합니다. 올해 포기하면 내년에는 더 잘할 수 있을까요. 올해 최선을 다해야 내년에도 최선을 다할 수 있는 것입니다. 지금 최선을 다하지 못하면서 내일은, 다음 달은 또는 내년에는 최선을 다하겠다는 것은 실현 불가능한 공염불에 불과 한 것입니다. 이루고자 하는 목표가 있다면 그 목표를 위해 오늘 이 순간부터 최선을 다해야 합니다. 그래야 내일도 모레도 더욱 최선을 다할 수 있는 것입니다.

184개의 합격 방법, 단 1가지의 불합격 방법

시험이 끝나면 많은 수험생 카페나 학원 홈페이지 등에서 합격 수기를 볼 수 있습니다. 저는 워낙에 부끄러움을 많이 타는 성격이라 이렇게 글로 할 수는 있지만 인터뷰는 용기가 나지 않아서 사양했지만, 자신을 표현하고 말하는 데 자신 있는 분들이라면 합격 수기 동영상도 참여해 보면 좋을 것 같습니다. 공부하다가 지치면 쉬는 시간이나 자기 전에 합격 수기에서 어떤 말을 할지 이미지 트레이닝 해보는 것도 상당히 유익한 수험 생활을 가능하게 할 것입니다.

저는 수험 첫해와 두 번째 해까지는 거의 모든 합격 수기를 다 읽고 영상을 보았는데 3년 차 때는 배가 아파서 거의 안 봤습니다. 타인의 노력 끝에 성취한 결과물을 축하해 줘야 하는데 저는 소인배라 그렇지 못한 점도 있지만 2년 정도 수기를 종합해 보면, 모두 각자 합격을 위한 방법이 있었고 그 방법을 찾아내면 합격에 가까워진다는 내용이라 3년 차 때는 굳이 볼 필요가 없기도 하였습니다. 무엇보다 저는 저만의 공부 방법을 결정했고 그 방법을 통해서 2019년 시험에서 가능성을 확인했기에 굳이 더는 타인의 공부 방법이 궁금하지 않았습니다. 최종 합격을 한 2020년에는 동기들의 이야기라고 생각하니 관심이 생겨 간혹 보기도 합니다만 역시나 합격을 위한 각자의 방법이 있다는 점은 예전과 마찬가지였습니다.

40대 인생이 바뀌는 공부

2020년 감정평가사 2차 시험의 최종 합격자 수는 184명이고, 공인중개사 시험의 최종 합격자 수는 16,554명입니다. 합격한 사람 모두는 합격할 수 있는 각자의 공부 방법이 있습니다. 그 누구도 타인이 했던 대로 또는 하라는 대로만 공부해서는 합격하기 어렵습니다. 평가사 시험에서 엘리트 친구들이 평균 이상으로 몇 년씩 고생하는 경우가 가끔 있습니다. 여러 가지 원인이 있겠지만 고등학교 때까지 학원이나 과외를 통해 주어진 공부만 하던 학생들이 스스로 공부해야 하는 것에 익숙하지 않다는 것도 원인 중에 하나이겠지요. 그런 관점에서 보면 공부를 안 하면 안 했지 시키는 대로만 따라 하지는 않았던 우리 40대가 조금 더 유리할 수 있지 않을까 싶습니다.

타인의 공부 방법을 그대로 따라 할 것은 아니지만 먼저 합격한 사람들의 합격 수기를 볼 필요가 있습니다. 왜냐면 나에게 가장 잘 맞는 공부 방법과 계획을 빨리 찾아야 하기 때문입니다. 수많은 공부 방법 중에 스스로에게 가장 적합한 방법을 찾는다는 것은 시험의 당락을 결정할 뿐만 아니라 수험 기간을 단축할 수 있는 치트키가 됩니다. 공부를 시작하기 전이라면 많은 사람의 합격 수기를 읽고 인터뷰 영상을 보기 바랍니다. 합격자들이 얼마나 기쁘고 자신에 찬 표정으로 자기의 공부 방법을 이야기하는지, 잘 보면 단순히 공부 방법에 대한 팁만 얻는 것이 아니라 그들의 당당함과 확신을 보면서 자신의 의지를 다질 수도 있을 것입니다.

불합격하는 단 한 가지의 방법은 합격하는 수많은 방법을 찾지 못했기 때문입니다. 실수를 줄이고 시행착오를 줄이기 위해서 필요한 만큼 타인의 이야기를 듣고 조언을 구해야 합니다. 그것이 수험의 시작이고 수험 전반에 영향을 미치는 중요한 사항입니다. 다만 간과해서 안 될 것은 결국은 공부를 해 나가면서 자신만의 수험 방법을 찾아가야 한다는 것입니다. 다른 누군가의 방법이 아닌 자기만의 합격 수기를 써야 합니다.

Q9.

합격 후
인생이 바뀌는 시험이란?

합격하면 좋을까? 눈물 날까?

어렸을 때 올림픽 중계를 보면 시상식에서 금메달을 목에 건 선수들이 펑펑 우는 장면을 보고 도무지 이해되지 않았습니다. 나 같으면 저렇게 기쁘고 행복한 순간에 껄껄 웃을 것 같은데 왜 눈물을 흘릴까 하는 생각이었습니다. 그런데 나이가 들어가면서 그 눈물의 의미를 조금씩은 이해하게 되는 것 같습니다.

2020년 2차 시험을 치른 직후부터 후련함보다는 불확실함에 따른 불안과 조바심에 갈피를 잡기 힘들었습니다. 아무 생각 말고 쉬자 해도 온갖 실수가 떠오릅니다. 그래도 이 정도면 합격은 가능하지 않을까 생각했다가도 과연 내 답안지가 합격할 수준이 될까 하는 의심에 그야말로 하루에도 수십 번씩 조석으로 마음이 달라지는 통에 수험 공부하는 때보다 마음고생은 더 심했습니다.

합격자보다는 불합격자가 많을 것이니 잊고 다시 공부하자 마음 먹어도 책상에 1시간 앉아 있기가 힘들고, 에라 모르겠다 싶어 놀아보자 해도 마음이 불안해서 놀아지지도 않는, 그야말로 진퇴양난의 시기였습니다. 2년 차 시험 때는 1교시 실수의 여파로 2교시 3교시 답안을 다 채우지 못했기 때문에 발표 전에도 별다른 긴장 없이 공부할 수 있었는데 차라리 그때가 낫다 싶을 만큼 멍청한 생각조차 들 정도니 그 초조함이 어느 정도 인지 이해가 되시겠지요.

발표일이 다가올수록 이런 불안과 긴장은 극도로 심해져 갑니다. 드라마나 유튜브 영상을 의미 없이 틀어놓고 멍하니 있었는데 돌아보면 그 시간이 너무 아깝습니다만 이것도 시행착오의 하나로 보아야겠지요.

합격자 명단에 제 수험번호와 이름이 있는 꿈, 시험에 떨어져서 우는 꿈 등 시험 관련해서 꿈도 참 많이 꾸는 통에 아침에 일어나면 꿈 해몽을 찾아보고 하루 기분이 좌우되기도 했습니다. 그런데 꿈에서 공통적인 것은 합격해도 울고 불합격해도 울고 있었습니다. 과연 실제로 합격하면 울게 될까요.

2020년 감정평가사 2차 시험의 합격자 발표일은 12월 16일 09시 정각입니다만 16일 00시에 관보에 수험번호가 먼저 고시되기 때문에 실질적인 발표일은 16일 00시 정각입니다. 당시 와이프는 그 사실을 모른 채 저와 같이 드라마를 보고 있었고 저는 초조함에 화장실을 세 번 네 번씩 들락거리면서 00시 정각을 기다리고 있었습니다. 00시 정각인데 관보 사이트에 접속자가 몰려서 그런지 서버가 다운되어 접속이 안 되고 시간은 흐르고 참 죽을 맛이었습니다. 한 15분 정도 지나고 고시를 보면서 제 수험번호를 찾았습니다.

한참 아래쪽에서 제 수험번호를 본 순간 그야말로 "큭" 하는 외마디 소리와 함께 눈물이 나기 시작합니다. 슬픈 드라마도 아닌데 갑자기 남편이 울기 시작하니 와이프가 당황하면서 왜 그러냐고 물어보더군요. "나. 엉엉 합 엉엉 격했 엉엉 어어어." 그날 진짜로 제가 이렇게 대답했고 아직까지 와이프는 그때를 흉내 내면서 놀립니다. 고시를 다시 와이프와 보면서 저의 수험번호가 맞는지 세 번 네 번 확인한 후 와이프와 한참을 울었습니다. 부모님께 전화 드리면서 부모님도 같이 울고, 여동생도 울고 온 가족이 1시간은 족히 울었나 봅니다. 자격시험 합격을 금메달과 비교할 수는 없지만, 그 눈물만큼은 금메달을 딴 선수의 것과 다르지 않을 것이라고 감히 말해 봅니다. 살면서 그런 눈물 한 번 흘려보는 건 어떤가요. 충분히 도전할 만한 가치가 있는 귀한 눈물이 될 것입니다.

감정평가사 자격증의 의미

저는 드라마를 엄청나게 좋아합니다. 수험 기간에도 드라마가 너무 보고 싶고 또 재미있는 드라마는 공부하다가도 문득문득 내용이 생각나면서 다음 주에 어떻게 전개될지 기대가 돼서 아예 8월 즈음부터 시작하는 드라마는 처음부터 안 보려고 했을 정도였습니다. 그런데 드라마나 영화에서 보면 검사나 변호사들의 상당수는 몹시 잘난 체하는 모습으로 나옵니다. 저도 공부를 시작하기 전에는 그저 머리 좀 좋고 공부 잘해서 검사 된 게 무슨 대단한 일이라고 저렇게 세상 다 가진 듯이 행세하는지 싫었습니다.

제가 합격한 시험은 사법고시와 비교할 만큼 어려운 시험은 아니지만, 공부를 하고 몇 차례 불합격을 경험해 보니 이제 조금은 알 것 같습니다. 그 사람들이 그저 머리 좋고, 공부만 잘해서 그 자리에 있는 것이 아니라는 것을요. 그 사람들이 견뎌 낸 것은 엄청난 불확실과 불안이고, 수년의 시간은 언제가 될지 모르는 그 날에 대한 준비였던 것입니다.

너무 어려운 시험이라서 일반적인 머리로는 합격하기 어려운 시험도 있을 것입니다. 하지만 대부분의 시험은 머리가 좋고 나쁨이나 공부를 잘하고 못하고의 문제라기보다는 그 불확실한 시간 동안 자신을 믿고 버텨낼 수 있는지 없는지에 대한 시험입니다. 그렇기 때문에 여러분도 충분히 할 수 있다고 말할 수 있는 것입니다.

앞서 자격증은 우리가 어떤 일을 하기 위한 하나의 도구에 불과

40대 인생이 바뀌는 공부

하다고 이야기하였습니다. 그저 작은 도구 하나 손에 쥐고 어디 감히 사법고시를 들먹이며 잘난 체하고 있나 여기실 수 있습니다. 그러나 저를 포함한 다른 모든 시험의 합격자가 견뎌온 것은 불확실에 대한 두려움과 그만큼의 불안의 무게임을 부정하지는 않기를 바랍니다.

공인중개사도 가능, 감정평가사는 좀 더 가능

공인중개사 민법 과목의 강사님이 사법고시를 준비하다가 몇 차례 실패하고 민법 강의를 하게 되었다고 말하면서 덧붙인 이야기입니다. "중개사 시험이 반드시 인생을 바꾸는 시험은 아닐 수 있다. 그러나 합격하게 되면 인생을 바꿀 기회를 갖게 되는 것이고 여러분이 생각하는 것보다 훨씬 더 자신감이 생기면서 기분이 좋을 것이다."

공인중개사라는 자격증을 손에 잘 맞는 도구로 적극 활용하고 계시는 많은 분들이 상당한 소득을 올리고 일에 대한 보람을 통해 새로운 인생을 사시는 분도 있습니다. 또 저와 같이 다른 자격증 시험을 준비하거나 아니면 노후를 대비하기 위한 보험 정도로 생각하시는 분도 있을 것입니다. 감정평가사도 자격 취득 후 곧바로 법인에 출근하기도 하지만 더러는 취업을 미루고 다른 준비를 하는 경우도 있습니다.

  어떤 것이든 일단 도구는 손에 쥐었으니 곧바로 석탄을 캘지, 아니면 도구를 좀 더 다듬을 것인지는 개인의 선택입니다. 어떤 도구가 되었건 간에 자신의 손에 잘 맞게 활용하면 충분히 우리 인생을 바꾸어 낼 수 있으리라 생각합니다. 다만 좀 더 크고 강력한 도구를 가진 경우가 활용에 용이하다는 것은 시장경제에서 어쩔 수 없는 일입니다. 공인중개사 자격을 취득하여 인생을 바꿀 수도 있고, 감정평가사 자격증을 취득하여 인생을 조금 더 바꿔 볼 수도 있습니다. 여러분 스스로 한계를 만들지 말고 이왕이면 활용하기 더 나은 도구를 갖기 위해 좀 더 견뎌보는 것은 어떨지 조심스럽게 제안합니다.

40대에 인생이 바뀌는 공부가
필요한 이유

_해야만 한다

Q10.

머무를 것인가, 나아갈 것인가?

머무르다 갇히면 노답!

한: 머물다. 머무르다. 영: stay, remain, keep

1. 잠시 멈추어 있다.

2. 그쳐 더 나아가지 못한다.

3. 도중에 잠시 멈추다.

부동산 가격이 천정부지로 오르면서 요즘 학생들의 장래 희망마저 건물주가 되는 것이라고 하는 마냥 웃을 수만은 없는 기사를 본 적이 있습니다. 만약 우리에게 물려받은 또는 물려받을 커다란 건물이 있다면 인생이 한결 쉬워질 것은 자명하겠지만 우리가 마주해야 하는 것은 현실이지 막연한 꿈이 아니겠지요.

부럽습니다. 건물주가 부럽지 않을 사람이 어디 있겠습니까. 인터넷에 떠도는 글 중에 '건물주의 하루'라는 글이 있어 소개합니다. 아침에 일어나 뉴스를 잠깐 보고 지인들과 골프 연습을 한 후 식사를 하고 별일 없으면 귀가해서 한가하게 쇼핑하는 일상입니다. 늘 바쁘게 살아야 겨우겨우 하루를 버틸 수 있는 우리네 서민들이 보기에는 마냥 부러운 일상입니다. 그런데 한편으로는 '이렇게 살면 정말 편하겠지만 인생이 조금 심심하겠지'라며 저 자신을 위로한 적이 있습니다. 다 가질 수 있으면 갖는다는 게 무슨 의미가 있을까요? 예를 들어 우리가 생일이나 기념일을 축하하며 어쩌다 한 번 값비싼 호텔 뷔페에 가서 식사를 하면 얼마나 즐겁고 설레나요. 그런데 매일 갈 수 있는 사람들은 '우리만큼 즐겁지는 않겠지'라는 마치 여우가 자기가 딸 수 없는 나무 위에 포도를 보면서 어차피 신 맛일 거라 위로하는 것 같은 웃픈(웃기지만 슬픈) 위로 말입니다. 없어서 하는 생각이라 흘려버릴 만도 하지만 누구나 다 가질 수 있는 공기의 가치를 알기 어렵듯이 결핍이 있어야 가치가 생기는 것이 아닐까 하는 생각입니다.

그렇다면 우리는 건물주와 같이 평온한 일상을 유지하면서 머물 수 있을까요? 하루하루 경쟁이 치열해지고 여차하면 댓글 테러와 같이 누군가의 사소한 말 한마디에도 위기가 될 수 있는 자영업자들, 식상하지만 아래에서 치고 올라오는 후배들과 위에서 누르는 선배들 사이에 끼어 언제 어떻게 퇴출당할지 모르는 회사원들, 철밥통이라고는 하지만 은퇴 후에 남은 인생과 노후를 어떻게 준비해야 할지 막연하고 두렵기는 마찬가지인 공공기관 근무자들이 앞으로도 지금의 평온한 일상에 머무를 수 있을까요? 그나마 유지할 수만 있어도 다행일지 모릅니다. 여차하면 현재를 유지하기도, 그야말로 머무르는 것마저도 어려운 것이 현실입니다.

바다가 얼었다 녹았다 반복하는 북극에서 항해하기 위해서는 쇄빙선이라고 하는 얼음을 깨고 항로를 개척하는 특수한 선박이 길을 열어주어야 합니다. 그런데 만약 얼음에 배가 갇히면 어떻게 해야 할까요? 얼음이 녹기만을 기다리면서 언제가 될지 모르는, 어쩌면 영영 안 올지도 모르는 봄날을 기다리면서 그 자리에서 머무를 것인가요? 그래서 쇄빙선에는 다양한 특수한 장치가 있는데 그 중 특별한 것은 얼음에 꽉 끼인 상태로 전진이나 후진할 수 없을 때를 대비하기 위하여 배의 하단에 대형 밸러스트 탱크를 장착하여 제자리에서 마치 오뚝이처럼 움직일 수 있는 기능이 있다고 합니다. 밸러스트 탱크에 물을 넣었다 뺐다 조절해서 배가 앞뒤로 또는 좌우로 기우뚱거려 조금씩 얼음을 깨고 다시 앞으로 나아갈 수 있도록 말이지요.

추운 겨울을 버티고 기다리면 봄날은 반드시 옵니다. 그런데 지구가 어떻게 변화할지 장담하기 힘들 만큼 기상이변은 수시로 발생하고 있고 이제는 이러한 기다림에 의존하는 것이 불안해지고 있습니다. 수만 년의 시간 동안 자전과 공전을 반복하면서 변화하는 대자

연의 섭리마저도 불안한데 겨우 40여 년을 살아온 우리 40대의 삶은 어떠한가요. 봄은 있었는지, 한창 뜨겁지만, 곡식을 여물게 하는 여름을 폭풍우에 모두 날려 버린 것은 아니었는지, 언제 찾아올지 모르는 겨울 한파에 얼음 속에 꽁꽁 갇혀버릴지 모릅니다. 그래서 나아가야 합니다. 전후좌우로 아주 조금씩 움직여서라도 끊임없이 앞으로 나아가야만 생존할 수 있는 것입니다.

─── Q11. ───

어쩌면 마지막 기회일지도 모르는?

40대, 인생 2막을 위한 준비를 할 시간

40대. 참 어정쩡한 나이인 것 같습니다. 무엇을 새롭게 시작하기에는 조금 늦은 것 같고 그렇다고 아무것도 하지 않기에는 아직 젊은 나이인 것 같고 말입니다.

저는 군 생활을 종로경찰서에서 의경으로 복무하였습니다. 의경은 소위 뻗치기라고 하는 주요 시설에 대한 경비 또는 집회 관련하여 유동 인구에 대한 관찰 등의 일을 하면서 길에 서 있는 시간이 상당했습니다.

어느 날은 세종문화회관이 있는 광화문 지하철역 출입구에서 경비를 선 적이 있는데 점심시간이 되자 인근에 있는 정부 종합청사와 회사 등에서 수많은 사람들이 식사를 하기 위해 나오고 있었습니다. 당시 저는 전역을 앞둔 20대 초반으로 복학과 향후 진로 등에 대하여 고민이 많은 시기였는데 그날따라 유난히 30대 후반, 40대 정도의 넥타이를 맨 지금의 제 나이 즈음에 아저씨들이 눈에 들어왔었습니다. 그들을 보면서 들었던 생각이 '참 좋겠다. 저 나이쯤 되면 회사에서도 어느 정도 자리 잡고, 결혼해서 아이도 한둘 있을 것이며, 집이며 차도 있고 모든 것이 안정되어 있겠지' 싶어 나도 빨리 40대 중반이 되어 안정된 생활을 하고 싶다는 마음이 들었습니다. 지금 생각해 보면 아쉬울 것 없이 한창 피어나는 20대 청춘이 무엇하러 세상에 바래지고 두려움만 많아지는 이 나이가 부러웠던 것인지 싶습니다. 아마도 당시에는 40대 우리 나이가 되면 저절로 모든 것이 이루어지는 줄만 알았던 것 같습니다.

오늘 우리의 모습은 어떠한가요? 예전에 우리가 넘어설 수 없는 산처럼 큰 어른으로만 보였던 그 중년의 나이가 된 우리 모습은 과연 모든 것이 안정되고 불안이나 두려움 없이 뚜벅뚜벅 자신의 길을 흔들림 없이 가고 있나요? 적어도 저는 그렇지 못한 것 같습니다. 아직도 무엇을 어떻게 해야 할지 모르는 날들이 많고 미래에 대한 불안은 오히려 혼자이던 20대에 비해 훨씬 큽니다. 아마도 결정해야 할 것이 많아지고 책임져야 할 사람, 일, 그리고 나 자신의 무게가 전과 다른 까닭이겠지요.

그런 나이인 것 같습니다. 밖에서 보기에는 안정적으로 보일 수 있지만 내 안에서는 늘 앞으로 어떻게 살아야 하는지에 대한 두려움으로 세상이 무서워지는 나이. 누군가는 나이는 숫자에 불과 하다고 하지만 현실에서 나이가 단지 숫자에 불과 한 것만은 아니라는 것을 아는 나이 말입니다. 그래서 어쩌면 마지막이 될지도 모르는 인생에 대한 도전을 해야 하는 나이, 할 수 있어서가 아니라 해야만 하는 나이이기도 합니다.

50대, 60대가 된다고 하여 새로운 도전이 늦었다거나 의미가 없다는 것은 절대 아니라고 생각합니다. 실제로 공인중개사는 물론 감정평가사 시험에서 매년 50대, 60대 합격자가 다수 나오고 있으며 그분들 중 현업에서 활발하게 활동하시는 경우도 많습니다. 다만 새로운 도전과 성취를 바탕으로 해서 삶의 방향 전체를 바꿔낼 기회는 어쩌면 40대가 마지막이 될 수도 있다는 의미이고 저는 40대는 물론 50대, 60대 그리고 70대까지 모든 중장년의 선배님들을 진심으로 응원합니다.

Q12.

남편으로서,
아빠로서 옳은 선택인가?

등잔 밑은 항상 어둡다. 멀리 보자.
그러나 노력하는 아빠는 가까이 봐도 멋있다

우선 이번 물음에 답하기 전에 철저하게 남편 그리고 아빠로서 이야기하는 점에 대하여 아내이자 엄마로서 도전을 준비하시는 분들께 양해를 구합니다. 앞서 말씀드렸지만 저는 너무나 평범하고 부족한 인격과 실력을 가진 일반 사람이라서 경험해 보지 못한 역할에 대해 아는 체하며 이야기하기가 어려워 그런 것이니 이해하여 주시기를 부탁드립니다.

저에게는 이제 초등학교 5학년에 올라가는 큰딸과 1학년이 되는 8살 둘째 딸, 그리고 6살 막내가 있습니다. 몇 년 전 인터넷에서 보았던 글로 아이를 명문 대학에 보내기 위해서는 세 가지가 필요한데 그 첫째로는 할아버지의 재력이요, 두 번째로는 엄마의 정보력

이요, 마지막 세 번째는 아빠의 무관심이랍니다. 나에게만 유리한 농담을 항상 격언처럼 주장하며 아이들과 놀아주는 잠깐의 시간을 제외하고는 아이의 학업이나 학원 등 정작 필요한 부분에 대하여는 전적으로 와이프에게 의존하였습니다. 더욱이 수험 기간에는 공부에 바빠 거의 신경을 쓰지 못했습니다. 당연히 큰 아이의 학원비가 얼마인지도 몰랐고 어린이집은 완전 공짜인 줄만 알았습니다. 이제 감정평가사로서의 첫 출근을 앞두고 수습 기간 동안 받을 급여로 큰아이의 학원비용 정도는 내야겠다 싶어 학원비가 얼마인지 물어본 적이 있습니다.

여러분은 아이 학원비가 얼마인지 아시나요? 저는 그야말로 뒷목을 잡았습니다. 태권도는 7~8만 원, 피아노와 영어는 많아야 9~10만 원 정도겠지 하고 물어본 것인데 태권도 14만 원, 피아노 15만 원, 영어 22만 원이라는 답을 듣고, 정말이지 당장 학원 끊으라는 말이 튀어나올 뻔했습니다. 제가 세상 물정을 몰랐던 것이겠지요. 둘째, 셋째 아이의 어린이집도 전액 무료가 아니라 특활비용 같은 부수적인 비용이 상당히 들어가는 것도 이제야 알았습니다.

대한민국에서 가족의 형태를 갖추고 살아가는데, 어디 학원비만 필요하겠습니까. 오죽하면 요즘 아이들은 밥 먹고 자라는 게 아니라 돈이랑 약(감기약, 키 크는 영양제 등등)을 먹고 자란다고 하겠습니까. 수없이 많은 이런저런 생활비에 월말이면 카드값 채워 넣기도 벅찬데 남편이자 아빠가 온전히 자신의 꿈을 위하여 투자할 수 있는 시간이나 비용을 만들어 내기가 녹록하지 않은 것이 당연한 현실입니다. 저 역시도 당장 저의 학원비와 독서실비 등을 마련하기 위하여 짬짬이 아르바이트를 하기도 했었습니다. 다행히 저는 와이프가 일을 하고 있어서 그나마 경제적 부담이 적었지만 심리적으로는 더욱 매일이 가시방석이었습니다.

다행히도 올해 시험에 최종 합격함으로써 나날이 뾰족해져 가는 가시방석 위에 홑겹의 이불이라도 하나 깔아놓은 기분입니다. 만약 여러분이 꿈이 없거나, 뚜렷한 목표가 없고 다행히 지금의 생활을 어느 정도 유지해 나갈 수 있다면, 그 생활을 유지하는 데 힘을 쏟아야 합니다. 그 누구도 여러분에게 꿈을 강요해서는 안 됩니다. 스스로 선택한 이 길에도 수없이 많은 고민과 절망 그리고 후회가 있었는데 타인의 강요로 선택하거나 또는 남들 다 하니까 나도 해볼까 하는 마음으로는 절대 완주할 수도, 목표를 이룰 수도 없습니다.

그런데 말입니다. 정말 그런데도 해야겠다는 마음이 든다면 그 어떤 뾰족한 가시방석 위에 올라서게 되더라도 꼭 도전하십시오. 현실이 어렵고 힘들다고 시도조차 해보지 않고 나중에 더 나이가 들어 두고두고 아쉬워하며 미련을 가진 채 늙어가기보다는 지금 인생을 바꿀 공부를 시작해야 합니다. 남편으로서 그리고 아빠로서의 역할은 살아 있는 전 생애를 통틀어 해야 하는 것입니다. 당장 오늘, 내일의 역할만 있는 것이 아닙니다.

시험에 합격한 다음 날 아침에 초등학생인 큰 딸아이에게 친구들이랑 자기 아빠가 무슨 일 하는지 얘기한 적 있냐고 물었습니다. 아이는 담담하게 누구네 아빠는 삼다수 회사에 다니고(참고로 제주에서는 삼다수 회사가 제일 좋은 직장 중 하나에 속합니다.), 누구네 아빠는 선생님이고 또 다른 친구의 아빠는 가게를 한다고 등등 답합니다. 그래서 아이에게 너는 뭐라고 했냐고 물으니 자기는 아빠가 공부하는 사람이라고 했다는 말에 조금은 착잡해지는 기분을 어쩔 수가 없었습니다. 아이가 그 말을 친구에게 할 때 어떤 마음이었는지는 굳이 묻지는 않고 아빠는 이제 시험에 합격해서 감정평가사라고 말을 했습니다. 그게 뭐 하는 사람이냐고 되묻길래 아침 댓바람부터 아이를 앉혀놓고 '감정평가는 물건의 가치를 매기는 사람이다'라고 외우게 시켰던 기억에 지금은 웃음이 납니다.

오늘의 내 모습도 아이에게 중요하지만, 내일의 내 모습 또한 중요합니다. 공인중개사 공부할 때 지금의 큰아이가 유치원에 다녔는데 아빠, 엄마를 그리는 시간에 엄마는 회사원으로 그리고 아빠는 에듀윌 하는 사람으로 그려서 온 가족이 웃었지만, 마음 한쪽이 무거웠었는데 합격 후에 이제 아빠 에듀윌 졸업했다고 말할 수 있었고, 더 긴 시간이 걸렸지만 아이에게 오늘 아빠는 전문직인 감정평가사라고 말할 수 있어서 얼마나 다행인지 모릅니다.

밀란 쿤테라의 소설 『무의미의 축제』에 보면

"쇼펜하우어의 위대한 사상은 말이오, 동지들, 세계는 표상과 의지일 뿐이라는 거요, 이 말은 즉, 우리가 보는 세계 뒤에는 어떠한 실재도 없다, Ding an sich(물자체) 같은 것은 전혀 없다. 이 표상을 존재하게 하려면 그것이 실재가 되게 하려면 의지가 있어야 한다. 그런 말입니다. 그것을 부과하는 막대한 의지 말이오"라는 구절이 있습니다.

마음이 있다면 의지가 생길 것이고 의지가 있다면 반드시 이루어 낼 수 있을 것입니다. 두려운 것은 그저 시작할 것인지 말 것인지 재보면서 시간을 허비해 버리는 것입니다. 목표를 정하고 노력하는 남편이자 아빠의 모습이 되기를 바라는지 아니면 그저 갈팡질팡하면서 결정하지 못하는 모습을 보일 것인지 더 이상 고민하는 것은 무의미합니다.

Q13.

살아남기 위한 공부, 선택인가 필수인가?

변화에 적응 못 하고 멸종한 공룡이 될 것인가

40대는 우리가 생각하는 것보다 훨씬 많은 일을 하고 그보다 더 많은 고민을 가진 채 살아갑니다. 각자가 처한 사정이나 위치가 다르고, 하는 일이 다르지만 우리 모두는 쉽지 않은 하루하루를 버텨내고 있습니다. 그렇다면 가장으로서 아빠로서 좀 더 오래 살아남기 위해서 필요한 것은 무엇일까요?

물론 저 역시도 제1은 건강이라고 생각합니다. 예전에 어떤 선배는 자신의 삶이 너무 힘들고 지칠 때면 병원 응급실에 가서 몇 시간씩 앉아 있다가 돌아온다고 했습니다. 응급실을 오가는 수많은 환자를 보면서 자신은 아직 건강하고 무엇이든 할 수 있다는 용기 아닌 용기를 얻어 온다고 마냥 기쁘지만은 않은 표정으로 말한 적이 있습니다. 제 주위에도 암이나 다른 중병으로 인해 건강을 잃고 병원에서 오랜 시간 견디고 있는 친구들이 있고, 허리나 목 디스크는 문제가 없는 친구를 찾기가 어려울 정도로 육체적으로도 많은 문제가 생기는 시기이니만큼 건강을 챙기는 일이 당연히 최우선이 되어야 하겠지요. 코로나로 인해 밖에서 운동하기 힘들다 보니 저도 유튜브를 보면서 홈 트레이닝을 시작했는데 처음에는 이게 뭐 운동이 될까 하고 생각했는데 2개월 정도 꾸준히 하다 보니 생각보다 훨씬 몸도 가벼워지고 썩 괜찮은 것 같습니다. 핸드폰으로 이런저런 기사 보시다 틈나는 대로 홈 트레이닝도 짬짬이 해 보시기를 권합니다. 혼자 운동하기는 어렵지만, 트레이너를 따라 하다 보면 마치 같은 공간에서 함께 운동하는 것 같아 운동이 한결 수월해집니다.

그러면 이제 운동보다 조금 더 어려운 것을 주문하고자 합니다. 운동은 몸을 움직이는 것이고 우리가 올림픽에 나갈 것도 아니라서 근육이 찢어질 만큼 힘들게 할 것은 아니고 취미 정도로 습관을 들이고 재미를 붙이면 누구나 어렵지 않게 할 수 있습니다. 그렇게 운동에 습관을 들일 수 있다면 공부는 어떨까요?

지금 당장에 전문 수험 서적을 펼치고 밑줄 그어가면서 암기하라는 것이 아니라 가벼운 수필집이나 가능하다면 고전소설 정도로 시작해 보는 것은 어떨까요. 특히 저는 수험 생활을 시작하기 전에는 고전소설을 자주 읽었는데 신기하게도 시대나 상황은 다르지만,

우리가 살고 있는 오늘의 이야기가 그 옛날 쓰인 고전 속에서 고스란히 발견되는 것을 보면서 경외감을 느끼기도 하였습니다. 서술형이 있는 전문직 시험에 도전하고자 한다면 본격적인 공부를 시작하기 전에 가볍게 책부터 읽으시기를 추천합니다. 개인적인 생각이지만 젊고 똑똑한 친구들이 시험에서 몇 년씩 고생하는 것은 소위 말하는 '글발'이라는 것이 부족한 경우가 종종 있는 것 같습니다. 이 '글발'은 절대 하루아침에 만들어지는 게 아니고 수험 목적 위주로 공부한 젊은 친구들에 비해 경험에서 쌓이는 산지식이 풍부한 40대 혹은 그 이상이 가질 수 있는 상대적인 강점이 됩니다.

당장에 만사를 제치고 수험 공부에 뛰어들기를 결심하기가 쉽지 않고 실행에 옮기는 것은 더욱 쉽지 않습니다. 공부만 하기에는 우리가 책임져야 할 일들이 너무나 많으니까요. 하지만 일상 속에서 틈틈이 책을 읽는 것은 작은 의지만 있다면 출퇴근 지하철에서, 잠들기 전에 침실에서, 휴일에 커피 한잔하는 시간에 얼마든지 할 수 있는 일입니다. 그렇게 살아남기 위한 생존을 위한 공부를 시작하면 됩니다. 꼭 어려운 전문 수험서나 법전을 가지고 시작하는 것이 아니라 쉽게 접할 수 있는 고전소설 정도로 엉덩이를 붙이고 시작해서 결심이 단단해지고 목표가 결정된다면 그때 본격적으로 수험 생활에 들어가면 됩니다.

앞에서 말한 홈 트레이닝 영상을 보면 시작할 때 항상 가볍게 스트레칭이나 웜업(warm-up)을 먼저 하고 본격적인 유산소나 근육 운동에 들어갑니다. 어떤 강사의 영상을 보아도 곧바로 근육에 무리가 가는 중량 운동을 시작하는 경우는 절대 없습니다. 공부도 마찬가지입니다. 운동에 기초 체력이 필요한 것처럼 수험에도 기초가 되는 베이스가 필요합니다. 베이스가 되는 스트레칭을 미루지 마시기 바랍니다, 오늘 당장 몸도 머리도 스트레칭을 시작해 보세요.

거실 한쪽 벽면 책장의 고전소설 부분입니다.
아래는 멸종되지 않기 위해 종종 바라보는, 8살 딸이 만든 돌로 된 공룡입니다.

Q14.

어쩌면
가장 확실하고 쉬운 길일 수도?

가정(if)인 듯 가정이 아닌 가정 같은 길

혹시 예상하지 못한 손실에 대비해서 보험은 어느 정도 들어놓으셨나요? 자동차보험은 필수니 당연하고 실비보험 같은 경우도 대부분 가입하고 있어 실생활에 유용한 역할을 합니다. 그러면 금전이나 건강상 손실이 아니라 우리 인생에 닥칠 대전환에 대비해서는 어떤 준비를 할 수 있을까요?

로또가 된다면, 유산이 어마하게 생긴다면 같은 가정 속에 살고 있지 않다면 평범한 우리는 어떤 형태로든 준비가 필요합니다.

꿈이라고 하면 조금은 추상적인 것 같아 삶의 목표라고 하겠습니다. 좀 더 오랜 시간 사회생활을 할 수 있고, 살아 있는 시간 동안 내가 이 사회에 구성원으로서 그리고 내 아이의 아버지로서 가장으로서 역할을 하기 위한 현실적인 목표 말입니다. 40대 50대의 평범하고 일반적인 사람들에게 미래를 대비하기 위한 가장 확실하고 쉬운 보험은 어쩌면 공부일 수도 있다고 생각합니다.

저희 아버지는 올해 주민등록상 74세이십니다. 보통은 은퇴해서 쉬실 나이인데 다행히도 아직 현업에서 근무를 하십니다. 오늘의 KT, 구 한국통신에서 20년이 넘게 근무하셨고 IMF가 지나고 몇 년 후에 명예퇴직하신 이후에 아버지도 보통의 40~50대처럼 방황을 하셨던 것 같습니다. 당시 아버지의 선택은 전업투자자였습니다. 제가 대학에 들어갈 때 즈음해서인데 방 하나에 아버지는 모니터 두 대와 TV를 놓고 온종일 증권방송을 보면서 주식 투자를 하셨습니다. 9.11 사태 등을 겪으며 전 세계 주식 시장이 폭락하면서 결과적으로는 아버지의 뜻대로 되지는 않았던 것 같습니다.

그렇게 주식투자를 뒤로 하고 아버지의 다음 선택은 공부였습니다. 지금도 합격률이 낮고 합격자의 거의 대부분이 20~30대인 ○○ 자격증에 도전하셨고 밤을 새우다시피 하며 링거를 맞아가면서 공부하신 끝에 다행히 합격하셨습니다. 이후에 인천공항공사의 무인 셔틀 공사 등 국내 여러 현장에서 통신 부분 감리를 하셨고 지금은 분당에 ○○건설 현장에서 감리이사로 활동하고 계십니다. '만약 아버지가 퇴직금으로 주식이 아니라 당시 폭락에서 겨우 회복하던 서울에 부동산을 샀더라면 어땠을까'라는 상상을 할 때가 있습니다. 상상만 해도 좋네요. 그렇지만 아버지는 주식을 선택했고 결과는 좋지 않았습니다. 이후에 아버지가 당장의 생계에 급급하여 새로운 공부를 하지 않았다면 이 어려운 시기에 지금까지 현업에서 활동하기는 더욱 어려웠을 것입니다. 어쩔 수 없는 절박한 상황에서 선택한 공부지만 그 결과는 다른 어떤 것들보다 확실했고 덕분에 아버지도 저도 활발하게 사회생활을 이어갈 수 있게 되었습니다.

모두가 다른 상황 속에 있습니다. 그렇기 때문에 모두에게 통하는 정답은 없습니다. 여전히 제 주변에는 주식 투자로 부자가 된 사람이 있고, 운 좋게 구입한 허름한 부동산이 재개발 호재를 만나 순식간에 큰돈을 번 사람도 있습니다. 솔직히 저도 부럽습니다. 그렇지만 모두에게 그런 투자능력이나 행운을 기대할 수는 없는 것이 현실입니다. 현실을 보면 어떤 것이 가장 확실하고 안전한 보험이 될지는 쉽게 알 수 있을 것입니다.

40대여
주저하지 말고 도전하라

_할수있다

Q15.
1등을 해본 적이 있는가?

나는 없다

저는 광주광역시에 있는 석산고등학교를 졸업하였는데 당시 한 반에 학생 수는 약 50명 정도였고 학급수가 12개 정도였으니 한 학년이 대략 600명 정도 되었습니다. 부끄럽게도 저는 600명 중 단 한 명, 소위 말하는 전교 1등은 물론 학급 50명 중에서도 1등을 해본 적이 단 한 번도 없습니다. 굳이 부끄러운 시절의 성적표를 떼서 확인하고 싶지 않아 정확한 등수는 말하기 어렵습니다만 당시 내신은 1등급부터 15등급까지 있었는데 저의 최종 졸업 성적표상 내신은 11등급이었습니다. 아버지께서 제 정확한 성적을 아시고 아주 심하게 혼을 낸 후 농담으로 누가 아들이 공부 잘하냐고 물으면 부끄러워서 속삭이듯이 "십"이라고 말하고 조금 큰 목소리로 "일 등급"이라고 대답하신다고 해서 졸업하고 20년이 넘었는데도 내신 등급을 정확히 기억합니다.

당시에 왜 공부를 해야 하는지 몰랐던 철이 없고 세상 무서운 줄 몰랐던 저는 학교 시험에 완전히 무관심했습니다. 제2외국어는 독일어를 했었는데 어느 시험 날에는 도무지 답을 알 수가 없고 문제 풀기가 귀찮아 일렬로 답을 쓴 적도 있을 정도였으니까요. 다만 어려서부터 독서를 많이 해서인지 암기 중심이 아닌 이해와 사고력이 어느 정도 필요한 수학능력시험에서는 수리 영역은 취약하였지만, 언어영역은 상당히 좋은 점수를 받았고 학교 시험의 반 등수와 수능 모의고사 전교등수가 거의 유사한 정도로 나와서 담임선생님도 당연하게 커닝을 한 것으로 의심하고는 했습니다.

재수 끝에 명지대학교 경영학과에 입학하였는데 대학에서도 마찬가지로 별생각이 없었고 2학년 때까지 학점은 1점대였고 여느 남학생들이 그러하듯이 군대를 다녀온 이후로 졸업이 위태로워 어쩔 수 없이 공부했지만 3점 초반 정도로 썩 공부를 잘하는 쪽은 아니었습니다. 제가 말하고 싶은 것은 타고난 공부 머리와 암기력, 이해력을 가지고 열심히 노력까지 할 수 있는 사람은 많지 않다는 것입니다. 뛰어난 능력을 가진 일부를 제외하고 대부분은 부단히 노력해서 결과를 만들어 냅니다. 저 역시도 중고등학교와 대학교 성적만 놓고 본다면 어려운 시험에 연속해서 합격할 스펙은 아니라고 봅니다. 다만 왜 해야 하는지를 알고 반드시 필요하다고 생각하면 누구나 그 목표를 달성할 수 있다고 생각합니다.

냉정하게 학창 시절의 1등이 지금도 1등인 경우는 많이 있습니다. 서울대나 연고대를 졸업하고 대기업에 취업해서 승승장구하거나 의대, 치대 또는 한의대를 졸업해서 의사로 잘 나가는 경우도 많습니다. 어쩔 수 없습니다. 그들이 학창 시절에 했던 노력을 부정할 수는 없는 것이니까요. 다만 우리도 할 수 있습니다. 고등학교 시절로 돌아갈 수는 없지만, 지금이라도 도전할 수 있고 이룰 수 있습니다.

  1등은 고사하고 하위권 내신에 머물던 제가 수학능력시험에서는 어느 정도 좋은 성적을 얻은 것은 순전히 독서의 힘이라 생각합니다. 지금 우리가 1등을 할 수는 없지만 어떤 시험에 도전하기에는 절대 늦지 않았습니다. 하루에 1시간 정도 투자해서 하루 50페이지만 읽어도 일주일이면 1권을 읽을 수 있고 1년이면 52권입니다. 좋은 책 100권만 제대로 읽으면 공부를 위한 기초체력은 충분히 쌓을 수 있습니다. 앞서도 말하였지만 일단 독서로 시작하세요. 요즘 유행하는 말 중에 '닥치고 정치, 닥치고 취업, 닥치고 곱창, 닥치고 스쿼드.' 뭐 이런 닥치고 시리즈가 있는데 저는 감히 '닥치고 독서'라고 말하고 싶습니다.

Q16.

전업으로 할 수 있는가?

먹고 살 걱정 없으면 계속 걱정 없이 살아주기를…

나는 못 했지만 누군가라도 편하게 살 수 있다면

이 또한 즐겁지 않으리

수험 생활을 마치고 합격한 누구라도 붙잡고 전업으로 공부하는 것이 좋을지, 아니면 아르바이트나 생계를 위한 활동을 병행하면서 공부하는 것이 좋을지 묻는다면 단 한 명의 예외 없이 전업으로 공부하기를 권할 것입니다. 사실 전업 수험생과 병행하는 수험생은 공부할 수 있는 시간이나 여건이 확연히 차이가 나기 때문에 당연히 전업 수험생이 유리한 것은 굳이 설명할 필요조차도 없을 것입니다. 그런데 매년 합격자 중 적지 않은 수는 직장에 다니거나 아르바이트를 하면서 공부했고 전업으로 공부한 수많은 수험생은 다시 탈락합니다. 상대적으로 훨씬 유리한 전업 수험생은 왜 불합격하고 일을 병행하는 수험생은 어떻게 합격하는 것일까요?

올해 감정평가사 2차 시험 합격자 발표는 12월 16일에 있었습니다. 저도 실무 과목에서 충분히 문제를 풀어내지 못했기에 조마조마한 마음은 글로 표현하기 어려울 정도였고 많은 수험생이 저와 비슷하였을 것입니다. 발표 전날에 불안하고 초조한 수험생들이 '예비 합격자 방'이라고 해서 카카오톡에 단체 대화방을 개설하여 이런저런 이야기를 하면서 발표를 기다리고 있었습니다. 그러던 중 한 수험생이 하루 평균 공부 시간이 얼마나 되는지 묻자 전업이라고 밝힌 수험생이 일 공부 시간 8시간 정도고 작년에도 자신이 합격자 단체 대화방에 있었는데 보통 8시간에서 9시간 사이가 자기가 아는 합격자 평균 공부 시간이라고 말하는 것을 보고 적잖이 놀랐습니다.

시간이 흐르고 합격자는 발표되었고 자기 공부 시간이 8시간이라고 말한 그 수험생은 당연하게도 불합격하였습니다. 미안한 이야기일 수 있습니다만 만약 그 친구가 내년에도 비슷한 시간, 비슷한 방법으로 공부해서는 합격하기 어려우리라 생각합니다. 저는 지금 하루에 8시간을 공부해서 안 된다고 말하는 것이 아닙니다. 수험생은 그냥 최선을 다해야 합니다. 하루 중에 자는 시간, 먹는 시간 빼면 나머지 시간은 공부해야 합니다. 수험생은 출근 시간과 퇴근 시간이 정해져 있는 공무원이 아니라 공부를 최우선으로 하고 그 밖에 시간을 최소화하여야 한다는 말을 하는 것입니다. 8시간 공부하고 8시간쯤 잔다고 하면 나머지 8시간은 무얼 하는 시간일까요? 나머지 8시간을 놀기 위해서 약속도 잡아야 할 것이고 놀이 계획도 세워야 할 것인데 그렇다면 공부하는 8시간에도 나머지 시간에 대한 신경이 쓰일 것 같은데 제가 너무 고리타분하게 생각하는 것일까요.

직장에 다니면서 합격한 수험생의 이야기를 들어보면 단순하게 할 수 있는 최선을 다했다고 합니다. 회사에서 일하는 시간, 자야 하는 최소한의 시간을 빼고 매 순간 시험을 생각하며 할 수 있는 만큼 공부했다고 합니다. 실제 공부 시간은 아침 출근 전 1~2시간, 퇴근 후에 5~6시간 정도 해서 하루에 6시간에서 8시간 사이로 전업 수험생보다 적지만 합격하는 이유는 시험만 생각했기 때문일 것입니다.

저 역시도 먹고 사는 일에서 온전히 자유로울 수는 없는 처지라 시험 준비하는 기간에도 매년 7월, 8월 두 달간은 제주도의 해수욕장에서 인명구조요원으로 아침 10시부터 오후 7시까지 근무를 했고, 아무래도 여름 태양 아래서 몸으로 하는 일이라 체력적으로 너무 힘들어 퇴근 후에 저녁 시간에는 잠이 쏟아져 공부하기가 쉽지 않아 주로 아침에 2시간 정도 일찍 출근해서 해수욕장 상황실에서 실무 문제를 풀었고 저녁에는 2~3시간 정도 꾸역꾸역 버티는 정도였습니다.

어떤 시험을 막론하고 합격하기 위해서는 최소한의 절대적 공부 시간이 필요할 것입니다. 다만 그 절대적 시간이라는 것은 단순히 물리적인 시간의 의미뿐만 아니라 얼마나 온전히 공부에 집중하고 시험만을 생각했는지가 더해져야 합니다. 하루에 8시간 공부하고 8시간 놀 생각하면서 합격을 바라는 전업 수험생과 일을 병행하지만 업무에 필요한 시간 외에는 온전히 공부에 집중하는 직장인 수험생 중 누가 합격의 가능성이 높을까요?

그냥 최선을 다하면 됩니다. 저는 일을 하는 기간에는 하루에 공부 시간이 4~5시간이 최선이었고 일을 하지 않는 기간에는 12시간에서 14시간 정도였습니다. 16시간 정도까지 해본 적도 있었습니다만 잠을 너무 줄이니 다음 날 오히려 졸리고 집중이 안 돼서 보통 아침 9시부터 새벽 1시까지가 적정 시간이었던 것 같습니다. 공부 시간을 정해놓고 구애받기보다는 그냥 각자가 할 수 있는 상황에서 온전히 시험을 생각하며 최선을 다하면 되는 것입니다.

올해는 코로나로 인하여 합격자들이 한자리에 모인 적이 없어 아직 뵙지는 못했지만, 합격자 중 한 분의 수기를 보니 수험 기간은 약 3년 정도로 저와 비슷한데 그 기간 동안 시험에 합격한 것은 물론 결혼, 임신, 출산 그리고 아이의 백일잔치까지 모두 해내신 분이 있습니다. 공부를 하기 위해서는 많은 중요한 것들이 있습니다만 가장 중요한 것은 무엇인지 다시 생각해 보게 하는 합격자님의 멋진 이야기였습니다.

Q17.

경조사와 집안 대소사는?

'뭣이 중헌디.'
지금 이해 못 하는 사이면 평생 이해 못 할 사이

40대는 챙겨야 할 것이 많은 나이입니다. 친가와 처가 쪽 경조
사부터 시작해서 명절 때 찾아뵈어야 할 친지들, 사회생활을 하면
서 만난 선, 후배들의 결혼과 그 가족들의 장례. 그리고 요즘은 조
금 줄어들기는 했지만, 돌잔치까지 모두 챙기다 보면 지갑뿐만 아니
라 주말 시간마저도 내 것이 아닌 경우가 많습니다. 저도 햇살 좋은
봄날이나 가을날에는 결혼식을 몇 탕 뛴다고 할 정도로 하루에 두
곳 이상의 예식장을 가기도 했었습니다.

저는 남동생의 장례 이후에 제주도에 내려와서 지내다 보니 제주
에는 아는 지인도 거의 없고 육지에서(제주에서는 제주도 밖을 육
지라고 부릅니다.) 있는 경조사나 가족 행사에도 아주 특별한 경우

가 아니면 거리상의 이유로 불참하여도 면죄부를 받을 수 있었습니다. 친한 친구나 선후배의 부모님 장례식 정도만 참석하고 그 밖에는 부조만 하여도 상대적으로 자유로울 수 있었지만 저는 조금은 특이한 상황에 해당할 것이고 일반적인 경우 어떻게 해야 할까요.

무조건 가지 말고 공부만 하라고 하면 현실적으로 가능할까요. 내가 받았던 많은 도움을 지금 바로 되갚지 못하는 상황에 대해, 공부한다는 것을 아는 지인들은 그나마 양해해 주겠지만 사정을 모르는 지인들은 이해해 주기가 쉽지 않습니다. 종교 빼고는 모든 것이 잘 맞아 중학교 때부터 형제처럼 지내오던 목사가 된 친구가 있습니다. 그 친구가 제 결혼식에서 사회를 봐주기로 어렸을 때부터 약속했는데 막상 결혼식에 오지 않아 굉장히 섭섭하여 몇 년간을 연락하지 않고 지낸 적이 있습니다. 이후에 다른 친구의 아버님 장례식에 갔다가 그 친구를 다시 만났고 당시에 친구의 누님이 암으로 위독하여 혹시라도 결혼식에 안 좋은 영향이 있을까 염려스러워 못 갔다는 말을 듣고 수년간 가지고 있던 섭섭한 마음이 미안함으로 바뀌기도 했습니다.

우리 사회에서 경조사는 정말 큰 비중을 차지하는 것 같습니다. 결혼식이나 장례식에 얼마나 많은 화환이나 손님들이 있는지에 따라 그 사람에 대한 재평가가 이루어지기도 하고 혼주나 상주의 사회적 지위나 능력을 가늠해 보기도 하니 말입니다. 그래서 하객 아르바이트라는 독특한 이색 일자리도 등장한 것이겠지요, 이처럼 중요시 여기는 경조사를 수험생 입장에서 어떻게 해야 할지 정말 난감하지 않을 수 없습니다.

누구라도 이 부분에 대해서 명확한 답을 드리기는 쉽지 않을 것입니다. 그러나 우리는 수험생이기 때문에 미리 스스로 명확하게 원칙을 세워두고 거기에 맞춰 최소한의 경조사에 참석하는 것이 좋습니다. 가능하다면 애사(哀史)에는 직접 슬픔을 나누고 결혼식, 돌잔치 같은 경사에는 축의금으로 대신 하는 것도 방법이겠지요. 그리고 미처 나누지 못한 경조사에 대하여는 훗날 목표를 이룬 후에 2~3배로 갚으면 됩니다. 어차피 지금의 나를 이해 못 할 지인이라면 그 경조사는 현재에도 미래에도 나에게 중요하지 않을 가능성이 큽니다.

오늘의 내 주변을 돌아보는 것도 중요하지만 내가 잘되어야 내일의 내 주변도 돌아볼 수 있습니다. 수많은 경조사 앞에서 조금은 아쉽더라도 과감한 결단 내리시길 바랍니다.

Q18.

당신의 기억력은 안녕하신가요?

우리에겐 초롱초롱한 기억력을 대신할
묵직한 엉덩이와 약간은 식은 피가 있다

경쟁 상대이자 러닝메이트인 젊은 친구들과 비교하여 글을 쓰다 보니 자꾸 약점들만 언급해서 마음이 무겁습니다만 조금만 견디면 우리가 가진 강점도 많이 있고 이에 대하여 이야기할 수 있을 것입니다. 적을 알고 나를 알면 백전백승이라고 했던가요.

어릴 때부터 손윗사람들에게 "뒤돌아서면 잊어버린다"는 말을 많이 들어보셨을 겁니다. 이제는 우리가 이 말을 몸소 실천하는 나이가 되었습니다. 그런데 좀 더 솔직히 말하면 뒤돌아서서 잊어버리는 것은 그나마 일상과 관련한 것들이고 수험 관련해서는 조금 다릅니다. 부정하고 싶겠지만 아무래도 낯선 전문용어들로 구성된 수험 관련 서적들은 읽고 나서 뒤돌아설 때까지 절대 기다려 주지 않습니다.

저의 경우에는 한 장을 읽고 다음 장으로 페이지를 넘기기 위해 종이를 넘기는 순간 휘리릭 하는 책장 넘어가는 소리와 함께 앞장의 기억이 희미해졌습니다. 믿기 어렵겠지만 공부를 시작해 보면 충분히 이해할 것입니다. 특히 수험 초기에는 관련 분야의 종사자 또는 전공자가 아니라면 용어조차 생소하여 읽고 있는 순간에도 머리에 저장되는 것이 아니라 마치 책의 글씨들을 지우개로 지우면서 책을 보는 것 같은 답답한 순간이 분명히 있을 것입니다. 저는 특히 행정법이나 토지보상법과 같은 법규 쪽 과목이 너무 심각해서 기억은 고사하고 분명히 한글로 된 책을 보는데도 외국어로 쓰인 책보다 더 어렵게 느껴질 정도였습니다.

나이가 들어가고 두뇌 활동을 포함한 신진대사의 활동성이 떨어지는 것은 자연스러운 일이고 이를 거부하거나 부정할 방법은 없습니다. 다만 어떻게든 극복해야 할 어려운 숙제가 되는 것이지요. 그래도 세상이 그렇게 불공평하지 않은 것은 우리에게 늙어가는 두뇌가 있다면 반대로 퍼져가는 엉덩이와 조금씩 식어가는 피의 온도가 있습니다.

"마흔 넘어서 하는 공부는 엉덩이로 한다"는 말을 들어보신 적이 있나요? 저는 이 말에 그야말로 무릎을 쳤습니다. 우리는 젊은 친구들보다 조금은 긴 시간 살면서 어떻게든 참고 견디면서 인내하는 법을 배웠습니다. 그래서 조금 더 버틸 수 있다는 것은 수험 생활에 많은 약점을 극복할 수 있는 굉장한 무기가 됩니다. 그리고 더하자면 우리의 피는 한창때와 비교하면 조금은 차가워져 가고 있습니다. 밖에 나가고 싶고, 놀고 싶고, 데이트하고 싶어서 피가 끓던 젊은 시절은 지났고 좀 더 차분히 생각하고 곱씹으면서 한 줄, 한 줄 음미할 수 있는 여유가 생겼다는 것입니다.

조급할 필요는 없습니다. 우리는 모두 각자의 페이스로 결승선을 통과하기만 하면 됩니다. 반드시 세계신기록을 세우면서 1등으로 통과해서 금메달을 목에 걸고 모두에게 영원히 기억되고 싶은 욕심까지 낼 필요는 없습니다. 수석을 하겠다는 각오로 모르거나 놓치는 것 없이 꼼꼼하게 공부해야겠지만 고기도 먹어본 사람이 먹는다고 하는데 1등도 해본 사람이 하라고 양보하고 우리는 시험에서 반드시 합격한다는 목표만 가지고, 천천히 각자 걸음의 속도에 맞춰 꾸준히 걷는다면 언젠가는 결승선에 도달할 수 있을 것입니다.

다만 한 가지 당부드리자면 결승선에서 기다리는 수많은 관중과 경기 진행 요원들도 각자 집으로 돌아가야 할 시간이 있으니 너무 늦지는 않도록 마냥 결심을, 그리고 실행을 미뤄서는 안 됩니다. 우리에게 남은 시간도 절박하지만, 타인들도 기다려 줄 수 있는 그 시간이 절박하기는 매 한 가지이니까요. 미루지 말고 시작하되 꾸준히 조급해하지 말고 나아간다면 그 목표는 반드시 도달할 수 있는 내 눈앞의 현실이 될 것입니다. 목표를 그저 멀리서 바라보며 도달할 수 없는 신기루쯤으로 여기지 말고 지금 당장 출발하시기를 응원합니다.

Q19.

내가 이렇게 멍청했는지
절망할 것인가?

학벌, 세대, 성별 불문하고 모두 같이 절망하고 살아감

앞선 물음에서 휘리릭 소리와 함께 사라지는 안타까운 기억력에 관한 이야기였다면 이번에는 암기력을 포함한 전반적인 수험 생활 중 느끼는 공부 머리에 대한 절망에 관해서 이야기해 보고자 합니다.

학교 공부에서는 하위권 정도였지만 수학능력시험 성적 등으로 보면 전반적으로 머리가 나쁜 쪽은 아니었다고 스스로 생각합니다. 직장 생활을 할 때도 너무 내 일만 우선 챙겨서 약간은 약았다는 소리를 들을 정도였으며 결코 멍청하다는 말을 들은 적은 없었습니다. 제가 이렇게 강조하는 것은 그럼에도 불구하고 수험 생활을 하면서는 매일매일이 멍청하다고 느껴지는 나 자신에 대한 한탄과 비참함이 있었기 때문입니다.

모든 수험공부는 먼저 이해하고 그 후에는 반드시 암기해야 문제를 풀 수 있습니다. 이는 1차, 2차 모두 객관식인 공인중개사 시험에서도 모든 강사님이 강조하는 부분이고, 특히나 서술형 2차 시험에서는 암기하지 않으면 쓸 수 있는 내용이 없기 때문에 기본적으로 상당한 분량에 대한 암기가 반드시 동반되어야 합니다. 때로는 교재 몇 페이지 전부를 통으로 외워야 하는 경우도 적지 않은데 암기는 그야말로 오전에 외우고 책장 넘기면서 잊어버리고 다시 오후에 보고, 저녁에 잠들기 전에 외워도 다음 날 아침에 희미해지는 그야말로 무한 반복하면서 제자리에 머무르는 뫼비우스 띠와 같습니다. 이때 자신에 대한 실망은 물론 내가 이렇게까지 멍청했나 하는 생각에 지배당하면서 공부에 대한 자신감이 급격히 하락하면서 상당 기간 슬럼프에 빠지게 되는 원인이 되기도 합니다.

그런데 다행히 다 똑같습니다. 먼저 합격한 강사님들 말씀이나 수험 후기를 보면 다 비슷합니다. 공부는 외우고 잊어버리고 다시 외우고 반복해서 써보면서 장기기억에 저장될 때까지 끊임없이 밀어 넣는 과정을 통해 극복해야만 하는 지지부진한 과정으로 우리가 경쟁 상대로 생각하지 않는 괴물 같은 우등생들 일부를 제외하면 나머지는 다 비슷한 과정을 거치면서 외워갑니다. 반복하면서 끊임없이 버텨내는 것은 어쩌면 젊은 친구들보다 우리가 더 잘할 수 있는 일 아닌가요. 어제 외운 게 오늘 생각나지 않는다고 자책하거나 지난번에 풀었던 문제를 오늘 또 틀린다고 한심해할 필요는 전혀 없습니다. 그렇게 반복하다 보면 결국 시험장에서는 맞출 수 있고 써낼 수 있으니까요.

저는 공인중개사나 감정평가사 1차 시험과 같이 객관식인 경우에는 기본 강의를 먼저 듣고 이후에는 문제집 한 권을 답을 체크하지 않고 계속 반복하면서 풀었습니다. 문제를 틀릴 때마다 문제 번호에 ∨ 표시를 하면서 보았는데 틀린 문제는 계속 틀리게 됩니다. 심지어 4~5번씩 틀린 문제도 있고 3번 이상 틀리기 시작하면 정말화가 나서 책을 찢어 버리고 싶은 심정이지만 다시 해설도 보고, 관련 부분은 기본서를 찾아보면서 또 밀어 넣으면 어느 날인가는 반드시 됩니다.

시험 앞에서는 누구나 공평합니다. 나만 멍청하다고 절망할 필요가 전혀 없습니다. 실제로 2020년 31회 감정평가사 시험의 실무 과목 과락률은 75%에 달할 정도로 극악의 난이도였습니다. 저도 1교시 실무 시험을 보고 나서는 '올해도 아닌가' 하는 생각이 들어 눈물이 날 정도로 화가 났고 주변을 보면 다들 마스크를 쓰고 있기는 했지만 모두 평온해 보여 2교시 3교시 시험을 포기하고 나가고 싶을 정도로 더욱더 절망적이었습니다. 하지만 10명 중 7~8명이 40점을 득점하지 못하는 과락이라는 결과였습니다. 절대 내가 멍청한 것이 아닙니다. 이 글을 읽고 제가 말하고자 하는 바를 이해할수 있을 정도라면 모두가 비슷합니다. 내가 안 외워지는 것은 남도 안 외워지고 내가 어려운 것은 남들도 어렵습니다. 나를 탓하고 절망하면서 슬럼프 속으로 걸어 들어갈 것이 아니라 한 번 더 외우고 반복하면 그것으로 충분합니다.

　2차 시험 끝나고 수험생 카페에 올라온 재미난 글이 있어 캡처해 두었는데 여러분도 보고 웃으시라고 올려 드립니다. 우리들 대부분은 평범합니다. 자만도 절망도 필요 없는 것입니다.

Q20.
수험비용은 어느 정도?

20대는 순수비용, 40대는 벅찬 기회비용

공부를 시작하기에 앞서 비용적인 부분을 염두에 두지 않기는 어려운 것 같습니다. 수험비용을 대략 살펴보면 공인중개사 같은 경우는 유튜브에 무료 인터넷 강의도 많이 있기는 하지만 굳이 무료 강의 찾아다닐 시간에 전문 강의를 등록하시는 것이 조금이라도 시간을 벌 수 있고 빨리 합격하는 길이라 생각합니다. 비용도 1차, 2차 전과목 인터넷 강의 기준으로 시험 끝날 때까지 100만 원 정도이니 아주 큰 부담은 아니리라 생각합니다.

공인중개사는 수험 스케줄에 따라 조금씩 차이가 있겠지만 하루에 봐야 할 교재의 수가 많지 않고 다른 과목 교재를 찾아보지 않아도 강사님 설명만으로 충분한 경우가 많다 보니 굳이 비용이 발생하는 사설 독서실보다 공공도서관에서 공부하는 것도 괜찮은 방법입니다. 실제로 저도 2017년 2월 말에 시작해서 해수욕장에서 근무한 7월, 8월 두 달을 제외하고 10월까지 제주시에 있는 우당도 서관에서 공부하였습니다. 공부를 하는 중장년 수험생들도 상당수 있었고, 합격해서 연수받으며 다시 만나 뵙게 되어 반갑게 인사하기도 하였습니다.

감정평가사의 경우에는 수험 pool 자체가 공인중개사만큼 많지 않아서 강사나 학원 선택에 어느 정도 제약이 있고 수강료도 1차, 2차 종합반 같은 경우에는 250~300만 원이 넘고 이후 토요일에 진행하는 스터디도 보통 1~4기 기준하여 150만 원 넘는 수준이라 과목별로 샘플 강의를 꼭 들어보시고 자신에게 맞는 강의를 선택하여야 중간에 변경하는 등의 실수를 줄일 수 있고 교재 또한 이중 삼중으로 구매하는 비용을 절감할 수 있습니다. 교재는 최종적으로 결정한 것으로 계속 반복해서 보는 것이 효율적이라서 저는 처음 2018년에 구입한 교재로 2020년까지 계속 보아서 교재 구입비는 많이 부담되지는 않았습니다.

다만 감정평가사 2차 시험의 경우에는 실무, 이론, 법규 세 과목이 결국에는 하나의 과목으로 큰 그림처럼 연결될 수 있어야 하므로 동시에 봐야 할 교재의 수도 상당하고 법전이나 부수적인 자료가 많습니다. 그렇기 때문에 가능하면 교재 등을 세팅한 상태에서 공부할 수 있도록 독서실 지정 좌석에서 공부할 것을 추천하는데 보통 1개월에 18만 원 전후로 2년에서 3년 정도 평균 수험 기간으로 보면 적지 않은 금액이지만 수험 기간을 1년이라도 단축할 수 있다면 충분히 투자할 만하다고 생각합니다.

사실 이러한 비용은 20대에게나 큰 의미가 있는 것이지 40대는 공부를 위해서 시간을 쏟고 그로 인한 기회비용이 훨씬 크다고 보아야 합니다. 20대는 사회생활을 준비하는 기간이라 이런저런 방식으로 비용을 쓰는 기간에 해당하지만 40대 이후는 투자한 비용을 활발하게 회수해야 하는 나이로 평균적으로 연봉 4~5천 또는 그 이상을 벌어야 하는 나이인데 전업으로 수험 생활할 경우 이러한 소득에 대한 기회비용이 문제가 될 것입니다. 운이 좋게도 업무 강도가 세지 않은 직장이고 자신의 의지가 충분하다면 공부를 병행하는 것이 가능하겠지만 그렇지 않은 대부분은 수험 기간 내내 또는 적어도 시험 전 2~3개월 정도는 전업으로 공부에 매달려야 하는데 그 기간 동안에 발생하는 기회비용이 더 부담되는 것이 40대의 현실입니다.

여러 어려움에도 불구하고 공부를 함에 있어 가능하면 필수적인 비용은 아끼지 않기를 바랍니다. 저도 아르바이트해서 학원비와 독서실 비용을 내기도 했지만 2019년에는 2차 시험 준비하면서 스터디에 참석하기 위하여 매주 토요일 아침 첫 비행기로 서울에 갔다가 저녁 비행기로 돌아오는 스케줄을 약 4개월 정도 하였습니다.

올해는 코로나로 인하여 왕래가 어려워 어쩔 수 없이 스터디도 혼자 독서실에서 시간 맞춰서 써보고 인터넷 강평으로 대신 하였습니다만 코로나가 아니었다면 스터디는 꼭 필요한 과정이라 생각하므로 모든 금전적인 문제를 뒤로하고 제주-서울을 오가며 학원에 다녔을 것입니다.

시험 준비는 굉장히 고되고 힘든 시간입니다. 더욱이 공부만 할 수 있는 나이가 아니라면 여러 측면에서 더더욱 어렵고 힘든 과정입니다. 그렇기 때문에 최대한 효율적으로 최선을 다해서 짧게 끝내는 것이 더 중요합니다.

여담입니다만 제가 공부 시작할 때 통장의 잔고는 *천만 단위였는데(와이프도 이 책을 볼 것이라 앞자리는 밝힐 수 없음을 이해 바랍니다.) 올해 말 통장의 잔고는 자릿수가 하나 줄었으며, 시력도 1.2 정도였는데 지금은 0.8 정도로 운전할 때에는 안경을 써야 하고, 몸무게는 무려 5킬로나 늘었습니다. 만약 1년을 더 했다면 아마도 통장 잔고와 시력은 마이너스로, 몸무게는 더 늘었을 것입니다. 다행히 전문자격증 취득이라는 결과물로 그에 대한 보상을 받을 수 있습니다. 희생해야 하는 많은 것들이 있겠지만 성취를 통한 보상 또한 적지 않습니다.

즉각적인 예를 들자면 감정평가사의 경우 합격증과 신분증만 있으면 묻지도 따지지도 않고 2%대의 금리로 8천만 원짜리 마이너스 통장 개설이 가능합니다. 이는 돈의 문제가 아니라 나의 사회적 신용도가 합격 이후에 급격히 상승하게 된다는 것을 의미합니다. 스타벅스 대신 믹스커피 마시고 골프채 대신 펜을 잡고 아끼고 아껴서 수험에 필요한 모든 것에 투자하면 반드시 성취 후에 더 큰 보상이 있을 것이라고 확신합니다.

— Q21. —

깔끔한 글씨는 40대의 무기인가?

할 수 있는 것부터 잘하자. 치명적인 매력으로

서술형 2차 시험에서 글씨가 점수에 영향을 미치는지에 대하여는 오랜 기간 동안 갑론을박이 이어지고 있습니다. 사실 채점위원들이 명확한 입장을 밝힌 바가 없어 누구도 정확히 알 수는 없습니다. 여러 추측이 있지만 같은 내용이라면 글씨가 깔끔한 답안지가 아무래도 유리할 것임은 분명한 것 같습니다.

사실 수험생들의 점수 분포를 보면 합격 컷 기준으로 플러스 5점에서 마이너스 5점 사이에 수없이 많은 응시생들이 몰려 있고 겨우 1~2점 차이로 당락이 결정되는 경우가 허다합니다. 매년 시험 결과가 발표되고 나면 평균 1~2점은 물론 총점 1~2점 차이로 낙방하여 아쉬운 마음을 쉽게 다잡지 못하는 수험생들의 글이 올라옵니다. 법조문 하나만 더 썼더라면, 소 문단 하나만 더 작성했더라면, 간단

한 문제에서 숫자 하나만 틀리지 않았다면 하는 많은 후회와 그렇지 못했던 자신에 대한 질책으로 다시 1년의 준비를 시작해야 하는 안타까운 사연들입니다. 그렇기에 사소한 듯 보이지만 글씨 하나하나에도 최선을 다해야 하는 것입니다. 여유 있는 점수로 안정적으로 합격하고 싶은 마음이야 모두 같겠지만 현실적으로 당락은 아주 사소한 것에서 결정됩니다.

글씨를 깔끔하게 쓴다는 것은 최선을 다한다는 의미와도 비슷합니다. 대부분의 고시급 시험에서 2차 서술형 시험의 채점자는 그 분야에서 수십 년을 공부하신 교수님들이고 답안지의 목차와 도입 부분만 보아도 채점의 방향이 잡힐 정도로 많은 글을 보아오신 분들입니다. 감정평가사 시험을 기준으로 2~3년의 수험 기간이 짧은 것은 아니지만 불과 100분 동안에 16페이지 전후로 답안을 써내야 하는 수험생 입장에서 채점자를 압도할 만한 필력을 보여줄 수 있는 수험생은 많지 않을 것입니다. 대부분은 모험보다는 안정적으로 답안지를 구성하기 때문에 답안은 대동소이하게 되며 그렇기 때문에 사소한 부분이 더욱 중요하게 작용하는 것일지도 모릅니다.

요즘 젊은 세대는 컴퓨터나 태블릿 PC를 활용하는 능력은 뛰어나지만, 활자로 된 책을 읽거나 글씨를 쓰는 데에는 상대적으로 취약한 경우가 많습니다. 심지어는 교재 자체를 스캔하여 태블릿 PC에 저장해서 보는 경우도 있습니다. 제가 구시대적인지는 모르겠으나 아직은 책에 밑줄을 긋고 설명을 적으며 하는 공부가 익숙한데 어느 것이 정답이라고 할 수는 없습니다. 하지만 적어도 답안을 글씨로 직접 써야 하는 서술형의 시험이라면 평소에 글을 쓰는 연습이 필요하다는 생각입니다. 다행히 40대는 대체로 어려서 신문을 읽고 연필로 글을 쓰며 자란 세대이다 보니 서술형 시험에 조금 더 유리한 입장일 수 있겠습니다.

모든 정성을 들인다는 것, 그것은 굳이 드러내지 않아도 전해지고 알 수 있는 것이라고 생각합니다. 어떤 친구들은 좋은 글씨를 위해서 백강고시체를 연습하기도 하고 어떤 친구들은 아예 글씨 따위는 중요하지 않다고 무시하기도 합니다. 어떤 수험생이 내용적으로도 더 좋은 답안지를 쓰기 위해 노력할까요. 다행히 우리 대부분은 굳이 글씨 연습까지 하지 않아도 어느 정도 깔끔하게 답안을 만들어 낼 수 있습니다. 이제 그 내용을 채워갈 시간입니다.

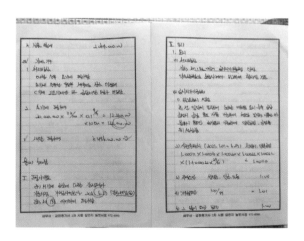

Q22.

언제까지 할 것인가?

각오는 될 때까지
현실은 버틸 수 있을 때까지

감정평가사 시험은 1차와 2차로 나누어 시행되는데 1차 시험은 서울, 부산, 대구, 대전, 광주에서 시행이 되고 2차 시험은 서울과 부산에서만 시행됩니다. 저는 제주도에서 공부했기 때문에 매번 시험일 전날에 본가가 있는 광주로 가거나 서울로 비행기를 타고 이동하였습니다. 1차 시험을 두 번, 2차 시험을 세 번 보았으니 시험을 위해서 총 5번 비행기를 타고 육지로 이동하였네요.

시험 전날에도 최대한 평소 페이스를 유지하기 위하여 이동하는 날에도 보통 때처럼 아침에 독서실에 갔다가 6시쯤에 저녁 식사를 하고 밤 8시 전후로 비행기를 탔기 때문에 이륙하는 순간 매번 제주 바다에서 환하게 불을 밝히고 조업 중인 어선들을 볼 수 있었습니다.

2018년 1월에 공부를 시작하고 수험 첫해인 2018년 3월 처음으로 본 1차 시험에는 합격과 불합격에 대한 큰 부담이 없었기에 별생각 없이 비행기를 탔고 운이 좋게도 합격해서 내려올 수 있었습니다. 그해 6월에 2차 시험 또한 준비 기간이 3개월 정도로 합격을 전혀 기대할 수 없는 수준이다 보니 비행기에서 별다른 생각은 없었습니다.

수험 2년 차인 2019년 6월 2차 시험 때는 공부는 어느 정도 했었지만, 막판에 페이스가 급격하게 흔들리면서 자신감이 너무 많이 떨어진 상태에서 이미 마음속으로는 내년을 준비하고 있었기에 담담한 심정으로 비행기를 타고 다녀왔습니다.

수험 3년 차는 제도상 다시 1차 시험부터 시작해야 합니다. 1차 시험은 원래 2020년 3월 예정인 시험이라 스스로는 이미 그때 시험 준비를 끝마친 상태였습니다. 코로나로 인해 실제 시험은 3개월 연기되어 6월에 시행되었고 그만큼 더 공부한 상태로 임한 시험이라 내가 떨어지면 이 시험 합격할 사람이 없다고 생각할 정도로 자신이 있었기에 비행기에서도 별다른 마음에 동요 없이 다녀왔습니다.

그리고 대망의 세 번째 2차 시험인 2020년 9월에도 평소처럼 공부하고 시험일 전날 8시 정도 비행기로 서울을 향하는데 마음이 복잡해서인지 아니면 근 3년의 수험 기간 동안 이미 많이 지쳐서 그런 것인지 서브노트를 펼치고는 있었지만, 비행기가 막 이륙하려는 순간에 이런저런 생각이 들었습니다. 그때 제일 먼저 든 생각이 '언제까지 공부를 해야 하나'였습니다. 좀 더 솔직히는 '언제까지 이 짓을 해야 하나'라고 해야 맞는 것 같습니다. 다음 순간 '이 비행기가 다시 지상에 착륙하지 않았으면' 하고 생각하는 제 모습에 소스라치게 놀랐습니다. 너무나 무서운 생각을 아무렇지도 않게 하는 스스로를 보고 다시 정신을 차리고 결심했습니다. '이 시험 절대 오래 해서는 안 되겠다. 올해 혹시 안 되면 내년 2차 시험까지만 하고 안 되면 그때는 포기하고 저기 바다에 불 밝히고 있는 배들을 타고 어부로 살자'라고.

합격자 발표를 했고 법인에 입사 결정도 되었고 1월부터 출근을 하는 현실에도 저녁 식사를 마치고 나면 다시 독서실에 공부하러 가야 할 것 같은 생각이 들면 금방이라도 구토가 나올 것처럼 온 몸이 경직되곤 합니다. 불과 저는 3년 만에 몸도 마음도 이렇게 지쳐 버렸는데 만약 시험에 불합격했다면 1년을 더 버틸 수 있었을지 솔직히 잘 모르겠습니다.

사견입니다만 2년 정도 열심히 한다면 수험생 대부분은 합격할 수준의 답안지를 작성할 실력은 되고 시험장에서 크게 실수하지

40대 인생이 바뀌는 공부

않는다는 전제하에 당락을 가르는 가장 중요한 핵심요소는 내가 얼마나 자신 있게 준비한 문제가 출제되는지가 결정적인 것 같습니다. 각 과목당 4문제씩만 출제되기 때문에 내가 평소에 잘 준비했던 부분에서 출제가 되면 그해에 합격이 가능할 것이고, 중요하지 않다고 생각하거나 또는 작년에 출제된 문제라 올해 반복되지 않을 것이라 생각해서 버렸던 논점이 나오는 경우에는 합격이 어렵겠지요. 시험의 모든 것은 실력이라고, 행운마저도 실력이라고 생각하는 사람도 있겠지만 어느 정도는 운이 따라주어야 털고 나갈 수 있는 것이 이 시험인 것 같습니다.

여러분은 과연 이런 시험에서 얼마만큼의 시간 동안 버틸 수 있다고 자신하나요? 저 역시도 시험을 시작하면서는 합격할 때까지라고 당연히 생각했고 최소 3~4년 또는 그 이상도 각오했었습니다. 그런데 3년 차 시험을 치르고 결과를 기다리며 다시 갔던 독서실 책상은 그야말로 숨이 막혀 불과 몇 시간도 제대로 앉아 있기가 힘들었습니다. 며칠 전까지만 해도 하루에 14시간 가까이 앉아 있었던 그 자리임에도 불구하고 말입니다.

'언제까지 할 것인가'라는 물음에 우리의 답은 모두 다릅니다. 자신의 정신적, 육체적, 경제적 여건에 따라 한계가 달라질 수 있을 것이며, 지금의 계획과 실제 시험을 준비하면서 마음이 또 달라질 수 있기 때문입니다. 다만 분명한 것은 포기도 최선을 다해야 가능하다는 것입니다. 이 부분에 관해서는 이야기가 길어질 것 같아 다음 물음에서 답하도록 하겠습니다.

Q23.

최선을 다하면
그것으로 되는 것일까?

아쉽지만 NO
시험은 오직 결과로 말하는 것

시험 후 와이프 권유로 유튜브를 보면서 홈 트레이닝을 매일 한다는 이야기를 앞 장에서 했었지요. 처음에는 스트레칭만 따라 해도 숨이 차고 힘든데 요즘에는 30분짜리 운동 영상 2~3개까지도 큰 무리 없이 하고는 합니다.

그런데 과식을 했거나 또 어떤 날은 괜히 체력이 덤비는 것 같은 착각이 들어 좀 더 힘든 영상으로 4개 이상 욕심내는 날도 가끔 있습니다. 저는 주로 공부하면서 나온 배를 집어넣기 위하여 뱃살 빼기나 복근 운동을 하는데 영상 4개쯤을 연속으로 하게 되면 그야말로 배가 덜덜 떨리면서 찢어질 것같이 아픕니다. 그리고 운동 중간에 도저히 따라 하지 못하고 포기하기도 합니다. 거기까지가 제

몸이 버틸 수 있는 최선이었으니까요. 그러면 제가 목표했던 영상 4개를 다하지 못해서 의미가 없는 것인가요? 절대 아닙니다. 마지막 운동을 멈추던 순간까지 최선을 다했던 하나하나의 동작 자체가 충분히 가치 있었고 유익하니까요.

그러면 공부는 어떤가요? 아니 시험은 어떤가요? 안타깝지만 시험은 결과로만 말합니다. 아무리 밤을 새워 열심히 했더라도 결과가 불합격이면 공부를 소홀히 한 것이 되고 매일 술 마시고 놀았는데 운 좋게 찍어서 외운 것들이 모두 출제되어 합격하면 그 사람은 최선을 다한 것으로 인정되는 것입니다. 비정하지만 어쩔 수 없습니다. 시험의 목적은 누군가를 합격시키기 위한 것이지만 한편으로는 누군가를 떨어트리기 위한 것이기도 하기 때문입니다.

금년도 감정평가사 시험의 합격 커트라인은 47.5점이었습니다. 그러면 47.5점을 받아 합격한 수험생과 47.0점을 받아 불합격한 수험생의 노력이 과연 얼마나 차이가 있을까요. 하지만 한 명은 목표했던 평가사로서 삶을 시작하고 다른 한 명은 여전히 수험생으로 남거나 혹은 자신의 길이 아니라 생각하여 떠나게 됩니다.

삼국지에 나오는 말인데 저와 남동생이 참 좋아해서 한때는 둘의 핸드폰 배경화면에 써놓았던 글이기도 한 "성즉군왕 패즉역적(成卽君王 敗卽逆賊)"이라는 말만큼 수험에 들어맞는 말도 없는 것 같습

40대 인생이 바뀌는 공부

니다. 사실 이 말을 하는 저도 아픕니다. 저는 올해 정말 운이 좋아서 합격했지만, 저보다 훨씬 노력하였음에도 작은 실수나 불운으로 불합격한 사람도 분명히 있을 것이고 그들을 생각하면 저도 아프지만, 합격과 바꿔줄 수는 없는 것, 바로 이것이 시험입니다.

Q24.

그럼에도 최선을 다한다는 것은 어떤 의미인가?

아쉬운 결과라 해도 YES
최선을 다해야 승복도 YES

저는 감정평가사 시험을 3년 정도 준비했는데 그야말로 몸도 마음도 영혼까지 탈탈 털린 기분입니다. 집 앞 독서실 3층 지정 좌석에서 공부했는데 담배를 피우지 않아 건물 밖에 나갈 일은 거의 없었고 자리에서 일어나는 시간은 2층에 물이나 커피를 가지러 가는 시간밖에 없었습니다. 독서실 건물의 2층과 3층 사이에는 작은 창문이 있어서 맑은 날에는 빛나는 햇살을, 비가 오는 날에는 내리는 비를 보면서 한참씩 창밖을 바라보고는 했습니다. 돌아보면 지난 3년간 제가 바라본 세상은 이 창으로 본 것이 전부였던 것 같습니다. 물론 수험 기간에 해수욕장에서 일을 하기도 했고 공인중개사 사무실을 개업하기도 했지만 온 신경은 이 시험에 집중되어 있어서 다른 세상은 보이지가 않았던 것이겠지요. 이런 제 모습이 안타까었는지 어느 날은 독서실 매니저님이 건물 옥상을 알려줘서 가끔은 옥상에 올라 푸른 바다를 보면서 re-fresh 하기도 했습니다. 참 고마운 인연이고 제주 바다입니다.

　겨우 3년 만에 모든 에너지를 쏟아 내고 더 버틸 힘이 없을 것 같았는데 그렇다고 그것이 과연 네가 할 수 있는 최선이냐고 물으면 자신 있게 답하기는 어렵습니다. 왜냐면 시험에 떨어졌다고 해도 포기할 자신이 아직은 생기지 않았기 때문입니다. 마음 한편으로는 4년 차를 준비하고 있었고 이는 내가 할 수 있는 최선이 아직 남아 있어서 미련을 버릴 수가 없다는 말일 테니까요.

　너무나 어려운 문제이지만 최선을 다한다는 것은 아마도 그 결과를 받아들일 수 있다는 것이고 또 한편으로는 깨끗이 포기할 수도 있다는 말입니다. 우리가 최선을 다했다면 비록 결과로만 말하는 시험에서 원하는 목표를 달성하지 못하였더라도 냉정하게 돌아서서 털어버릴 수 있고, 다시 새로운 인생을 향해 뒤돌아보지 않고 나아갈 수 있는 힘을 갖게 하는 것이 바로 최선을 다한다는 것의 의미가 아닐까 조심스럽게 생각해 봅니다.

지난 3년 동안 내가 본 세상의 전부인 독서실 계단 창문의 모습

40대 인생이 바뀌는 공부

40대의 공부는
달라야 한다

_ 이렇게 한다

Q25.

40대 수험생의
사회적 지위와 체면은 무엇?

노숙자와 동급, 추리닝과 크록스

매일 10시간 이상씩 공부를 하기 위해서는 일단 마음이 안정적이고 편안해야 할 것이고 다음으로는 몸이 아프거나 불편하지 않아야 하고 그 밖에 부수적으로 공부하는 자리나 의복들이 편안하고 신경 쓰이지 않아야 합니다. 저는 수험 기간 동안 거의 매일 추리닝에 크록스 슬리퍼를 신고 독서실을 다녔습니다. 아마도 이웃 주민들이나 오가며 마주치는 사람들 눈에는 일없이 빈둥거리며 지내는 한량으로 보이기 딱 좋은 옷차림이었습니다.

솔직히 저도 이런 모습이 늘 창피해서 사람들과 마주치는 것도 점점 불편하고 가능하면 사람들 다니지 않는 시간에 오고 가고 싶은 정도였습니다. 언제까지 가야 할지 모르는, 앞으로도 뒤로도 길이 안 보이는 막막한 터널 가운데에서 거지 같은 꼴을 하고 주저앉아 있는 모습이니 당연한 일이겠지요.

 2021년 1월부터 출근이지만 글을 쓰는 지금(2020년 12월)의 제 모습은 더 거지 같습니다. 머리도 안 감았고 코로나 때문에 학교와 어린이집에 가지 않는 세 아이를 와이프 대신해 온종일 돌보고 있자니 씻고 뭐할 시간이 없습니다. 그런데 오늘 아침에 제주에 몇 년 만에 눈이 와서 와이프를 직장인 어린이집에 태워다 주었습니다. 예전 같으면 다른 선생님들 눈에 띄는 게 싫어 허겁지겁 도망치듯이 차를 돌려 나왔을 텐데 오늘은 천천히 인사도 하고 느긋하게 여유 부리며 돌아 나왔습니다. 심지어 오늘은 세수도 못 하고 나갔는데도 말입니다. 합격하니 겉모습이 무슨 꼴이든 상관이 없네요.

 스터디에 참석하기 위하여 제주와 서울을 오가는 날이 많았는데 어느 날은 공항에서 유니폼을 입고 일하는 직원들이 그렇게 부러울 수가 없었습니다. 모든 이들이 복잡하고 바쁘게 굴러가는 세상 속에서 자신의 역할을 하고 있는데 나만 멈춰버린 것 같은 느낌, 다시 세상에 나가지 못하고 이대로 영영 주저앉게 되는 것은 아닌지 하는 두려움에 세상이 더욱더 무서워만 보이던 날들이었습니다.

 공부를 시작하면 생각보다 많은 어려움을 견뎌내야 합니다. 그중에서 가장 큰 것 중 하나는 스스로와의 내적 갈등입니다. '세상에 싸울 일이 얼마나 많은데 피곤하게 나 자신과 싸우는지'라고 말할 수도 있는데 공부는 그런 것입니다. 세상이 나를 바라보는 눈도 두렵지만 나를 바라보는 나의 시선이 더욱더 무서워지는 일입니다.

이왕에 공부를 시작하기로 했다면 제일 마음에 드는 슬리퍼와 추리닝을 사세요. 우리는 노숙자의 모습을 하고 있더라도 분명 조만간 당당하게 타인들 앞에 설 수 있는 사람이 될 수 있습니다. 될까 하는 의심부터 하지 마시고 그 기간 동안 버틸 수 있는 최고의 전투복인 슬리퍼와 추리닝을 장착하고 시작하면 됩니다. 그리고 그 기간 동안에 타인의 시선에 너무 연연하지 않아도 됩니다. 아무리 남의 시선을 피해 다녀도 어차피 나를 보는 나 스스로의 시선은 절대 피할 수 없고 그것이 훨씬 더 아프니까요.

지난 6월에 1차 시험에 응시하기 위하여 서울에 갔었는데 공항이나 지하철에서 본 사람 중에 구찌나 루이뷔통 같은 명품 브랜드 슬리퍼를 신은 사람이 상당히 많아 검색해 보니 50만 원이 넘는 제 기준으로는 초초초고가의 슬리퍼란 것을 알고 엄청나게 놀랐습니다. 50만 원 하는 구두는 살 수도 있다고 생각하는데 50만 원짜리 슬리퍼라니요. 소득과 소비는 철저히 개인의 능력이고 취향이니 나무랄 것도 부러워할 것도 없지만 만약 50만 원 하는 슬리퍼가 수험 생활을 시작하는 여러분의 자존감을 높여줄 수 있다면 구매하는 것도 좋을 것 같습니다. 다만 비싼 슬리퍼 자랑하게 사진 찍어서 SNS 올리고 친구 만나고 할 것이 아니라 온전히 여러분 자신의 만족과 자존감을 위한 것이 될 수 있다면요.

Q26.

학문할 것인가, 수험할 것인가?

약은 약사에게, 학문은 대학원에서

이번 질문의 답은 모두 알고 있을 것 같습니다. 수험생이 수험하는 것이지 무슨 학문이냐고 말입니다. 그런데 실제로 공부를 시작하고 보면 오랜 기간에 걸쳐 학문하는 수험생들이 생각보다 많습니다. 우리 스스로도 가끔은 학문의 늪에 빠져 이런저런 교재 이외의 전문 서적이나 논문을 찾아보거나 개별 스터디 시간에 소모적인 토론으로 시간을 보내고 심지어 행정법과 같은 법규 과목의 경우 수많은 법관도 아직 명확하게 결론 내리지 못한 문제에 대해서 혼자만의 답을 찾기 위한 고민에 빠져 하루 이틀을 허망하게 소비하는 경우가 종종 있습니다.

매사가 완벽해야 하는 사람들이 있습니다. 모든 것은 논리적으로 구성이 완벽해야 하고 반드시 이해해야 그다음 일을 할 수 있는 아주 꼼꼼한 성격의 사람들 말입니다. 회사 같으면 이런 사람들이 아래 직원이라면 믿고 일을 맡길 수가 있어 편한데, 반대로 윗사람인 경우에는 그 기준에 맞추기 위해서는 아주 환장할 노릇이지요. 저도 한때 같이 일하던 팀장이 책상 위에 있는 볼펜 위치까지 항상 그 자리에 있어야 할 정도로 업무뿐만이 아니라 업무 외적인 부분까지 상당히 꼼꼼한 성격이었는데 업무상 빈틈이 별로 없기 때문에 일에 있어서 실수를 줄일 수 있어 긍정적인 부분도 있었지만 반대로 그 스트레스를 감당해야 하는 팀원들 입장에서는 버티지 못하고 팀을 떠나는 경우도 많았습니다. 어떤 것이 맞고 틀리는지를 말하기는 어렵습니다. 모두 장단점이 있으니까요. 하지만 수험생에게는 정해진 답이 있습니다.

수험생도 물론 꼼꼼하고 빈틈없이 공부해야 합니다. 혼자 잔머리 쓴다고 전년도 기출 문제는 공부하지 않거나 잘 모르는 부분을 출제 가능성이 낮은 부분이라고 스스로 정신승리 하면서 버리는 식으로 공부하면 결국 시험장에는 시험에 필요한 부분이 아니라 자기가 알고 싶은 것만 알고 들어가게 되는데 세상이 어디 그리 호락호락 한가요. 출제 가능성이 있는 전 범위에 걸쳐 중요도에 따라 A, B, C, D 급으로 분류하되 빠뜨리지 않아야 하고 대신 강약을 조절하는 것이 필요합니다.

그런데 공부를 하면서 파고 파다 보면 시험과 관계없는 부분이 눈에 들어오기 시작합니다. 수험 초반에는 기본이 되는 시험 범위를 공부하기도 벅차서 다른 생각을 할 여유가 없는데 수험 기간이 늘어나고 아는 것이 많아질수록 점점 다른 문제들과 연결이 되면서 그 범위가 무한히 넓어지는데 이를 자기 공부의 깊이로 착각하는 경우가 생깁니다. 어떤 문제에 대하여 짧은 시간 안에 정제된 답안을 작성하기 위해서는 깊이 있는 사고가 반드시 필요하지만 그것이 불필요한 논점과 연결해 가면서 양을 늘리라는 의미가 아닌데 연차가 쌓이는 수험생들 사이에 이런 실수로 수험 기간이 더욱 길어지는 안타까운 경우가 있습니다.

"아는 것이 힘"이라는 말이 있지만 때로는 "모르는 것이 약"이라는 말도 있습니다. 수험은 그 사이에서 시험에 필요한 만큼을 조절해 내야 하는 것입니다. 우리가 A4 한두 페이지 정도는 몇 번 읽어보면 내용 다 이해하고 암기해서 쓸 수 있는 능력을 갖춘 게 아니니까요. 예전에 사법고시 합격자가 쓴 수험수기에서 사법연수원에 가면 전국의 1등이 다 모여 있고 판례 몇 개 정도는 읽으면 바로 정리하고 외워서 쓸 수 있는 사람이 많이 있다는 글을 읽고, 그렇지 못한 저를 한심해 했던 적이 있었지만 우리는 현재 평균의 사람들이 평균 이상의 노력을 통해서 합격할 수 있는 그런 시험에 도전하는 것입니다. 그렇다면 과잉은 불필요한 것이 됩니다.

2020년 감정평가사 2차 시험 후에는 유난히 시험 범위와 관련

한 이야기가 많았고, 심지어 청원을 넣어야 한다는 말까지 나왔습니다. 실제로 실무 2번의 경우는 일반적으로 학원에서 다뤄본 적이 없어 생소한 유형이었고 법규 3번, 4번도 불합격한 수험생 사이에서는 도대체 어디까지 공부해야 하냐는 말이 많았습니다. 그러나 합격생들의 이야기를 들어보면 조금 다릅니다. 실무 2번은 모두가 잘 모르는 것이라 오히려 변별력이 없을 것으로 간주하고 문제에서 요구하는 방식에 따라 어떻게든 자신이 알고 있는 기본 논점과 연결하려 했고 그로써 점수를 얻었다고 합니다. 법규는 사실 3번 논점은 예전에 김선희 평가사가 수업에서 판례까지 언급한 적이 있었고, 4번과 같은 경우는 이현진 평가사가 강의 중에 10점 분량 정도로 정리해서 시험장에 들어가라고 권하기도 했는데 중요도가 떨어진다고 보아 정리하지 않은 수험생이 많았던 것 같습니다.

사실 시험장에 들어가는 수험생 대부분은 1개 또는 2개 학원의 스터디 문제를 통해 시험을 준비하며 그 수준은 크게 차이 나지 않습니다. 얼마나 세세한 부분까지 정리하고 암기해서 들어가느냐 하는 데서 당락이 결정되는 것이지 학원에서 전혀 다루지 않는, 자신만 알고 있는 생소한 논점, 판례를 가지고 시험장에서 승부를 보려고 하는 것은 위험한 생각입니다. 제가 올해 시험을 가지고 이렇게 자세히 설명하는 것은 수험이면 합격에 충분하다는 것을 말하고 싶어서입니다. 정 범위가 불안하다면 특정 과목에 대하여 다른 학원의 다른 강사 수업을 들어보는 것으로 충분하지 스스로 논문을 찾고 국회 도서관에 가서 수험서 외의 전문 서적까지 뒤져보는 학문의 자세까지는 필요가 없습니다.

보통 사람이 보통 이상의 노력을 해야 하는 데 그 노력은 필요한 곳에 집중해야 합니다. 만약 다른 강사의 수업에서 자신이 몰랐던 내용이 있으면 자신이 보는 교재에 추가하여 정리하고 반복해서 제대로 알면 됩니다. 거기까지가 보통 이상의 노력이고 시험을 준비하는 데 필요한 노력입니다. 의약 분업이 실시된 이후에 "진료는 의사에게 약은 약사에게"라는 말이 있는데 이와 비슷하게 '수험생은 수험을 학문은 대학원 이후에'라는 말로 마칩니다.

Q27.

넓힐 것인가, 좁힐 것인가?

장수[01]하고 싶지 않다면 알집(AlZip)

수험 기간 내내 힘들었던 것은 불안함입니다. 예를 들어 전문의가 되기 위해서는 공부해야 할 분량 자체가 일반 수험생보다 몇 배는 많고 훨씬 힘들겠지만, 그 과정을 성실히 따라가면 대부분의 경우에는 의사가 될 수 있지만, 수험생은 몇 년에 거쳐 아무리 성실하게 모든 과정을 공부한다고 해도 반드시 합격한다는 확실한 보장이 없기 때문에 그 불안함이 제일 무서웠습니다. 그래서 공부를 하다 보면 계속해서 무언가를 더해야 할 것 같아서 공부 범위가 점점 넓어지는데 이 경우 일반적으로 수험생이 할 수 있는 한계를 벗어나게 되어 오히려 시험을 제대로 준비하기 어렵게 됩니다. 단기간에 합격하기 위해서는 공부 범위를 바싹 좁힐 필요가 있습니다.

---

01 수험 기간이 길어짐을 의미하는 학원가 언어

공인중개사 시험과 감정평가사 1차 시험은 객관식으로 전 범위에서 문제가 고르게 출제되고 합격 기준 또한 상대평가가 아니고 전 과목 40점 이상 과락 없이 득점하여 평균 60점을 넘기면 되므로 선택한 학원의 강의와 문제 풀이만 충실하게 따라가도 시험 준비가 충분하게 가능하며 설령 시험장에서 모르는 문제가 몇 개 있다고 해도 당락을 결정짓는 변수가 되기는 어렵습니다. 아는 문제만 실수 없이 풀고 모르는 문제는 소위 말하는 줄 세우기(한 번호로 쭉 찍는 것을 말합니다. 토익 시험에서 시간이 부족할 때 쓰는 방법입니다) 하면 됩니다. 그리고 우리 평범한 수험생 입장에서는 몇 문제 정도는 틀려주어야 출제하신 교수님에 대한 예의이기도 하고요. 그러므로 시험 범위의 확장에 대해 고민을 할 필요가 별로 없습니다.

하지만 감정평가사 2차 시험은 서술형으로 과목당 4문제가 출제되어 한 문제라도 제대로 서술하지 못하면 합격 가능성이 현저히 낮아지는데 시험 문제가 반드시 특정 교재의 범위 안에서 출제되는 것이 아니라서 공부에 어려움이 많습니다. 특히 법규 과목의 경우 판례를 알고 있는지 여부에 따라 고득점 여부가 갈리기 때문에 관련 판례를 모두 찾기 시작하면 시험 범위가 무한히 확장되고 결국 이도 저도 제대로 정리하지 못한 채로 오히려 일관된 논점이 잡힌 답안을 작성하기 어려워집니다.

시험이 다가오면 불안감은 계속 커지는 것이 일반적입니다. 저 또한 불안감을 떨치기 위하여 반복적으로 보던 교재 외에 다른 교수님이나 강사님 책을 더 봐야 하는 것은 아닌지 싶어 고민하고 인터넷 서점의 홈페이지에서 새 책을 장바구니에 넣었다 뺐다 반복하기도 했습니다. 하지만 결과적으로 보면 새 책을 몇 권 더 사기는 했지만, 완전히 내 것으로 만들 수 있을 만큼의 시간적 여유가 없었습니다. 휘리릭 책장 넘기는 소리와 함께 잊어버리는 교재 내용을 붙잡기 위해서는 책의 어느 페이지 상단, 하단에 무슨 색으로 칠하고 어떤 내용을 추가 적으로 기록하였는지를 전반적으로 그림을 보는 것처럼 입체적으로 외워야 하는데 그러자면 무한한 반복이 필요하고 시험 앞두고 새로 산 교재로 그렇게 하는 것은 거의 불가능에 가깝기 때문입니다.

시험이 다가오면 범위를 좁히고 교재도 압축해서 보아야 합니다. 우리 머릿속에 알집 프로그램이 있어 클릭 몇 번으로 압축되면 좋겠지만 그게 아니므로 최종적으로 결정한 교재를 반복해서 책장을 넘길 때마다 좌우의 내용이 입체적으로 떠올릴 수 있을 때까지 반복해야 합니다. 실제로 저는 모든 교재를 1주일 단위로 반복해서 보았는데 수험 2년 차에 정리한 법규 문제집 요약본은 3년 차 시험 전날까지 1주일에 1회씩 반복했으니 대략 80회 이상은 반복해서 보았고 나중에는 내용은 생각이 안 나도 필요한 그 부분이 적어도 책의 오른쪽인지 왼쪽인지, 상단인지 하단인지 아니면 포스트잇으로 정리해서 붙였는지 아닌지가 생각이 나면서 내용도 다시 생각나는 정도가 되었습니다. 저는 지극히 평범하고 학교 성적으로는 오히려 하위권에 가깝다고 말씀드린 적이 있습니다. 그런 제가 이 정도 암기할 수 있었던 것은 범위를 좁히고 반복해서 보았기에 가능했습니다.

저는 공인중개사 시험을 한 학원의 교재와 강의만 보았는데 반복적으로 보다 보니 시험 2주 전쯤에는 문제를 거의 외우게 되었는데 마침 옆자리에 공부하시는 분이 타 학원 모의고사를 풀고 있어서 다른 출판사 문제집을 풀어야 하나 싶어 며칠 고민하였습니다. 결국 시간도 없고 보던 책이라도 제대로 보자 싶어 말았는데 결과적으로는 순발력이나 암기력이 약한 저와 같은 분이라면 최대한 보던 교재를 반복해서 볼 것을 권합니다. 자주 새로운 교재로 바꾸게 되면 그 교재의 구성에 따른 시선이나 손으로 느껴지는 책의 질감까지 모든 것이 바뀌고 이는 결국 수험에 있어 스트레스로 작용할 수 있습니다.

Q28.

공부계획, 서브노트, 교재는?

잘 세우고, 잘 정리하고, 깔끔하게

1. 공부계획

등산로가 외길이 아니라면 우리는 동네 뒷산에 오를 때에도 아웃도어 의류를 꺼내 입고 스틱과 배낭을 챙겨 초입에서 어떤 코스를 어떤 속도로 오를지 계획을 세우고 출발합니다. 마찬가지로 수많은 갈림길과 사이길 그리고 예상치 못한 온갖 위험이 도사리는 수험생활을 시작하면서는 더욱 계획이 필요한 것이고 그 계획은 반드시 지킬 수 있는 만큼의 것이어야 꾸준하게 정상을 향해 나아갈 수 있습니다. 시작이 반이고 천 리 길도 한 걸음부터라지만 공부는 시작은 시작일 뿐이고 한 걸음은 그저 한 걸음일 뿐입니다. 머나먼 천리 길을 잘 걷기 위해 어떤 계획이 필요할까요.

첫째로 휴식에 대한 계획을 세우는 것입니다. 공부계획 세우면서 휴식부터 계획하라니 조금 아이러니하지만 우리는 40대입니다. 일반적으로 1~2개월 정도 또는 길면 3~4개월 정도는 휴식 없이 공부할 수 있습니다. 합격생들을 보면 보통 시험 1~2개월 전부터는 따로 휴일 없이 매일 공부하는 경우가 많습니다. 하지만 2~3년을 계속해서 그렇게 하기는 쉽지 않습니다. 더욱이 챙겨야 할 일들이 많은 40대라면 더더욱 쉬는 날이 있어야 밀린 여러 가지 경조사나 집안일, 또는 병원 진료 등을 처리할 수 있습니다.

저는 월요일부터 금요일까지는 종일 공부하고 토요일은 반일, 일요일은 쉬는 패턴으로 계획을 세우고 주중에 병원을 가거나 부득이하게 공부를 못하게 된 경우 그만큼을 주말에 보충하였습니다. 휴일이 없는 계획은 퇴로가 없는 일방길이 됩니다. 만약 목표한 만큼 못하게 될 경우 보충할 시간이 없기 때문에 계획 전체가 무너지는 경우가 생길 수 있습니다.

두 번째로 계획은 가능한 구체적으로 세우고 시험이 가까워질수록 1개월, 2주, 1주, 3일, 1일 단위로 반복해서 전 범위를 볼 수 있도록 세워야 합니다. 구멍 뚫린 독에 물을 가득 채울 수는 없습니다. 우리의 기억력은 마치 구멍 뚫린 독과 같아서 채우는 순간 다시 빠져나가기를 반복합니다. 하지만 독의 용량보다 큰 도구로 물을 한번에 들이부으면 잠시나마 독은 가득 채워져 있을 수 있습니다. 우리가 시험장에 들어가는 날 우리의 기억이 그래야 합니다. 시험장을 나오면서 모두 잊어버리더라도 시험장에서 만큼은 최대한 모든 것을 기억할 수 있도록 반복하는 계획을 세워서 공부해야 합니다.

세 번째로 계획을 지키기 위해 질보다 양을 쫓는 공부가 되어서는 안 됩니다. 저는 감정평가사 2차 시험 실무 과목을 제외하고는 모든 과목을 1주일을 기준으로 전 범위를 반복하는 계획을 세워서 공부했는데 양을 기준으로 하다 보면 그 양을 채우기 위해 심도 있게 생각하면서 보지 못하고 훑어보는 식으로 넘어가는 경우가 있었습니다. 완벽하게 이해하고 외웠다고 생각해도 막상 시험장에서는 틀릴 수 있는데 대충 넘어가서는 절대 답을 찾아낼 수가 없습니다. 만약 회계 과목과 같이 문제 풀이에 많은 시간이 필요한 경우 1주일에 1회독을 반복하기 위해서 양을 조절할 필요가 있다면 문제집의 짝수 번호는 1, 3주 차에 홀수 번호는 2, 4주 차에 푸는 식으로 하여 전 범위를 반복하되 문제 수를 줄이는 방법을 쓰기도 하였습니다. 중요한 것은 공부의 질과 기억량이며 이를 위해서는 최소한 1주일에 1회독하는 계획이 좋습니다.

네 번째로 계획은 계획입니다. 상황에 따라 변경할 수도 있는 것인데 처음의 계획을 지키지 못하게 되었다고 하여 지나치게 스트레스를 받을 필요가 없습니다. 그것이 공부가 안돼서 또는 하기 싫어서 계획을 변경하는 것이라면 문제가 될 수 있지만, 공부해 보니 예상보다 많은 시간이 필요하고 조금 더 꼼꼼할 필요가 있어서 생긴

일이라면 스트레스받지 말고 조정해도 괜찮습니다. 저는 이 부분이 잘 안돼서 주초에 계획이 조금 틀어지면 그 주 전체의 공부가 흔들리기도 했는데 계획은 최종 목표를 달성하기 위한 나침반이지 그 자체가 목적이 아닙니다.

2. 서브노트

서브노트 작성에 관하여는 강사님들의 의견이 조금씩 다르지만, 작성을 권하는 의견이 다소 우세하고 저 역시도 만드는 것이 좋다는 생각입니다. 다만 지나치게 예쁘게 형형색색으로 그야말로 공부를 위한 정리가 아니라 정리 자체가 목적이 되어서 과도하게 많은 시간을 들여서 만드는 것은 절대 안 됩니다. 그럴 것 같으면 과감하게 교재 위주로 단권화하는 것이 나을 수도 있습니다. 개인적 견해이지만 객관식은 군이 서브노트 없이 문제집 위주로 하되 어렵다고 느껴지거나 자신 없는 과목만 서브노트를 만들면 충분한 것 같고 서술형의 경우에는 짧은 시간에 전 범위에 대한 기억을 떠올려야 할 필요가 있기 때문에 서브노트를 작성하고 통으로 외우는 것이 효과적이라 생각합니다.

저의 경우 실무는 틀린 부분 또는 외워야 할 목차나 산식 위주로 작성해서 반복하였고, 이론은 앞 글자를 따서 시험장에서 즉각적으로 떠올릴 수 있도록 하기 위한 서브를 만들었으며, 법규는 전체적인 숲을 보기 위한 목적으로 작성하되 반복해 가면서 세부 논점

및 암기 사항을 추가하면서 작성하였습니다.

거듭 말씀드리지만 서브노트는 공부를 하다가 자신이 필요하다고 느껴질 때 만들면 되고 처음부터 만들어 봐야 온갖 내용 다 들어가서 서브가 거의 교재같이 되기 때문에 오히려 시간 낭비가 되는 경우도 있습니다. 서브를 활용할 방법을 잘 생각해서 목적에 맞게 만들어야 합니다. 아는 부분은 간단하게 정리하면서 넘기고 모르는 부분을 자세히 정리할지 아니면 교재를 압축한다는 느낌으로 범위 전체를 대상으로 하여 만들 것인지 먼저 결정하고 작성해야 하는데 이를 수험 초반에는 알기 어려운 경우가 많으니 최소 교재를 2~3회독 또는 그 이상 반복한 후에 결정하는 것이 좋을 것입니다. 서브노트는 장점도 있지만, 작성에 많은 시간이 필요하여 신중하게 생각할 필요가 있습니다.

3. 교재

저는 가능하면 책을 사서 보는 편입니다. 책의 첫 페이지에 읽기 시작한 날부터 다 읽은 날의 날짜를 적어놓기도 하고, 또 책장에 꽂아두고 가끔씩 책 표지라도 보아야 '아, 내가 저 책을 읽었었지' 하고 되새김하기에도 좋은 것 같아 읽고 버릴 책이 아니라면 꼭 사서 보는 편이고 최대한 깨끗하게 보려고 합니다. 예전에는 좋은 문구에 그냥 아무 펜이나 손에 잡히는 대로 지하철이나 버스에서 책을 읽다가도 삐뚤빼뚤 밑줄 긋고 별표 그리고 했는데 어느 때부터는 얇은 샤프로 꼭 자를 대고 반듯하게 줄을 그어놓습니다. 그래야 다음에 볼 때 좀 더 깔끔하게 볼 수 있고 다시 보고 싶은 생각도 들고 하는 것 같습니다.

학원을 결정하였다면 자연스럽게 해당 강사가 쓴 교재를 사용하게 될 것입니다. 교재를 보는 방법은 사람마다 다르겠지만 저는 최대한 깔끔하게 볼 것을 권합니다. 가끔 수험 후기에 시커멓게 칠해진 교재나 이런저런 색깔로 지저분해진 요약 노트 사진을 훈장처럼 올리기도 하는데 여러 번 본 것 같고 열심히 공부한 것으로 보이기는 하지만 공부라는 게 누구 보여주기 위해 하는 것도 아니고 내가 잘 정리하고 내가 잘 알아볼 수 있으면 되는 것이니 반드시 이렇게 또는 저렇게 보라고 할 수는 없지만, 책이 지저분하고 산만해지면 시선이 분산되고 결국 집중력을 떨어트릴 뿐만 아니라 이왕이면 다 홍치마라고 깨끗이 정리되어 있어야 한 번이라도 눈길이 가고 머릿속에 이미지로 저장하기 쉽고 다시 볼 때 개인적으로는 스트레스가 덜한 것 같습니다. 다만 이 부분은 다분히 주관적인 생각이므로 절대 강요할 생각은 없습니다.

처음 교재를 읽을 때는 강의 내용에 따라 연필로 연하게 밑줄을 긋거나 필기를 하고 이후에 반복적으로 보다 보면 외워야 할 부분은 형광펜을 쓰고 이해가 잘 안 되어 자주 보아야 할 필요가 있는 부분은 색깔 있는 펜을 쓰거나 해서 각자의 방법으로 교재를 보되 책의 표시가 일관성 없이 지저분해져서 책을 펼치는 자체가 스트레스가 되지 않도록 주의하면 충분할 것 같습니다. 저는 A급 암기할 부분은 노란색, B급은 분홍색, C급은 파란색 형광펜을 칠하고 그 밖에 이해가 필요한 부분은 파란색 펜을 쓰거나 했는데 수험 기간이 길어지면 결국에는 책의 거의 모든 부분에 표시가 되기 때문에 교재에 표시하는 데에도 세심한 주의와 기술이 필요합니다.

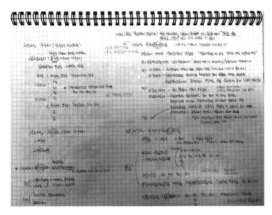

법규 서브노트

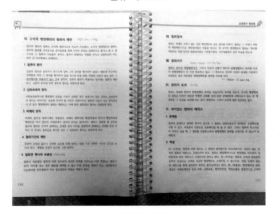

30회독 이상 본 법규 교재

40대 인생이 바뀌는 공부

Q29.

혼자 또는 같이?

외롭고 쓸쓸해야 공부,
신나면서 공부까지 잘하면 우리와는 다른 세계의 사람

수험 기간 동안 아는 사람이 거의 없는 제주도에서 인터넷 강의 중심으로 온전히 혼자 공부했기 때문에 페이스메이커는 고사하고 모르는 부분에 대하여 문답할 수험 동료조차도 없었습니다. 1차 시험이야 혼자서도 가능하지만 2차는 상당수 수험생이 개별 스터디를 통해서 서로 약점을 보완한다는데 이로 인해 시험에서 뒤처지는 것은 아닐까 걱정도 많았습니다. 결론적으로 자기의 여건에 맞춰서 공부하면 되는 것이고 합격하기 위해 반드시 무엇을 해야 하는 과정은 없습니다.

수험카페에는 개별 스터디 구성원을 구하는 글이 자주 올라오고 합격생 인터뷰에서도 같은 스터디원이 나란히 합격해서 합격 수기를 발표하는 경우도 있습니다. 만약 저도 올해 합격하지 못했다면 개별 스터디 참여를 심각하게 고려했을 겁니다. 개별 스터디는 장점 만큼 많은 위험이 있어서 혼자 하는 공부가 정히 어렵지 않은 분이 라면 매주 토요일 학원에서 진행하는 스터디 정도만 참석하고 굳이 개별 스터디는 하지 않아도 좋을 것 같습니다.

스터디 구성원 모집부터 서로 간에 실력 차이가 있을 경우 일방 적으로 조언하는 쪽이 될 수도 있고 장기적으로 구성원 간에 갈등 이 생기면 결국 이것도 인간관계인지라 적지 않게 신경 쓰이고 스 트레스가 되어 수험의 페이스를 흔들리게 할 우려가 있기 때문이기 도 해서 개별 스터디는 양날의 검 같다고 할 수 있습니다. 혹시라도 손을 베이게 되면 그 손실이 너무 오래갈 수 있어서 신중하게 결정 하는 것이 좋을 것입니다. 다만 혼자서는 정해진 시간을 지켜서 공 부하는 것이 어렵거나 아침에 일어나기 힘든 경우같이 타인의 조력 이 필요한 경우는 목적에 맞게 제한적으로 서로 도울 수 있는 개별 스터디를 구성하는 것도 나쁘지 않은 선택이겠지요.

예전에 감정평가사 1차 시험 스터디 구성원을 모집하는 글을 본 적이 있는데 너무나 장황하게 구성부터 목적, 범위, 계획, 참여 희 망, 모집자 프로파일 및 현재 진도에 벌칙 규정까지 세세하게 약 2 페이지 분량 정도로 올려놓은 글을 보고 감탄했습니다.
굳이 혼자서 공부해도 되는 객관식 시험에서 학습 스터디를 하기 위해, 이 정도 모집 글을 쓰자면 적어도 반나절 정도는 소요되었을 것 같은데 이런 글 쓸 시간에 혼자 공부에 집중한다면 훨씬 좋은 결과가 있지 않을까 생각한 적도 있습니다.

저는 지역적 제약으로 인해 스터디를 구성하기도 어려웠지만 혼자 페이스대로 공부하는 것이 편하기도 해서 절실한 필요를 느끼지는 못했습니다. 사실 40대 이상이면 젊은 수험생들 사이에서 불편할 수 있다 보니 스터디 구성하는 것 자체도 힘들 수 있습니다. 부족한 것은 부족한 대로 스스로 채워나가면서 완성해 가면 되고 매 순간 타인보다는 자신의 노력을 믿고 전진하면 되는 일입니다.

Q30.

주 5일, 주 6일, 빨간 날은?

합격했으니까 휴일에 쉴 수 있는 공무원

공인중개사 시험은 2017년 3월부터 10월까지 제주시에 있는 우당도서관 3층 열람실에서 공부하였습니다. 칸막이가 없는 개방형 열람실이고 저는 주로 맨 안쪽에 벽을 등지는 자리에 앉았기 때문에 공부하다가 고개를 들면 열람실에서 공부하는 사람들 대부분을 볼 수가 있었는데 당시에 다양한 공부를 하는 여러 유형의 수험생들을 볼 수 있었고 돌아보면 참 재미있는 기억입니다.

공인중개사 공부를 하는 한 분은 매일 아침 상당히 이른 시간에 나와서 항상 문 옆에 있는 창문 앞자리에 앉았는데 특이한 것은 주중에는 칼같이 정해진 시간에 입실하고 퇴실하는데 주말이나 공휴일에는 단 한 번도 도서관에 오지 않았습니다. 공무원보다 더 공무원처럼 근무시간과 휴일을 지키는 분이어서 수험생으로서는 독특하게 보여 기억에 남습니다. (요즘 공무원은 밤낮없이 일하는데 예전의 공무원 이미지 기준으로 말한 것이니 오해 없길 바랍니다.)

저는 주중과 주말을 구분해서 휴식 시간 두었고, 공휴일은 평일과 같이하는 계획을 세우고 공부하였는데 이상하게도 공휴일에는 공부가 안돼서 애를 먹었던 경우가 많았습니다. 수험생이 공휴일이라고 달라질 것도 하나 없는데 남들 논다고 저도 마음이 뜨는 것인지 공휴일에 평상심 유지하기가 힘들었는데 아마도 이분도 그래서 아예 휴일에는 통으로 쉬는지도 모르겠습니다.

수험생은 결과로 말하는 것이라 어떻게든 합격하면 되는 것이니 일주일에 며칠을 공부하고 공휴일에 쉬는지 안 쉬는지는 각자의 패턴에 맞추면 됩니다. 그러나 제 생각에 수험생이 빨간 날 챙겨서 쉬는 것은 너무나 사치스러운 게 아닌가 싶습니다. 앞서도 말했지만, 노숙자보다 별반 나을 것이 없으면서 휴일까지 챙긴다는 것은 너무 호화롭게 수험 생활하는 것 같다는 생각도 있지만, 더 중요한 것은 흐름입니다. 보통 월요일에 공부를 시작하면 화요일, 수요일 지나면서 그 흐름이 쭉 연결되고 유지하면서 금요일 저녁과 토요일 오후까지 가야 하는데 중간에 불규칙하게 휴일이 있게 되면 공부하는 흐름을 유지하기가 쉽지 않습니다. 더욱이 공휴일이 하루가 아니라 이틀 이상 연결되는 경우에는 그 주 전체를 날리기 쉽습니다.

유명한 발레리나인 강수지 님이 어느 인터뷰에서 "하루를 쉬면 내가 알고, 이틀을 쉬면 선생님이 알고, 사흘을 쉬면 관객이 안다"고 말한 적이 있습니다. 이 말은 수험생에게도 딱 맞는 말인 듯합니다. 하루만 쉬어도 책상을 마주하는 느낌이 다르고, 이틀을 쉬면 펜을 잡는 손이 어색하고, 사흘을 쉬면 책의 활자마저 낯설어진다면 조금 과장일지도 모르겠으나 불규칙한 하루 이틀의 휴식은 그만큼 생활 패턴과 공부 습관을 망가뜨리기 때문에 조심하여야 합니다.

인터넷에서 우연히 "공부나 일을 잘하는 사람들은 할 일을 뒤로 안 미룸, 핸드폰 안 만짐, '오늘은 이만해도 됐다.' 이걸 안 함. 그리고 '이때 하면 잘하겠지.' 이런 마인드가 없음. 매일 함. 기분이 좋다고 또는 우울하다고 할 일이나 공부 안 때려치움"이란 글을 봤는데 수험생인지라 기억에 많이 남았습니다.

40살을 넘어서부터는 이런저런 영양제와 유산균을 챙겨 먹기 시작했는데 이 사소한 것도 매일 못하고 깜빡하는 날이 가끔 있습니다. 공부는 더욱더 쉽지 않을 것입니다. 하지만 내가 못하는 그 꾸준함을 누군가는 하고 있을 것이며 그런 사람이 합격할 가능성이 훨씬 크다는 것은 절대 부정할 수 없을 것입니다.

처음 책을 쓰기로 생각했을 때 일반적으로 말하는 '무조건 열심히 해라, 죽도록 해라, 쉬지 말고 해라, 한눈팔지 말고 해라'와 같은 상투적인 말들은 하지 않으려고 했습니다. 할 수 있는 능력치가 모두 다르고 더군다나 40대의 시작을 응원하기 위한 글이니 조금이라도 쉽고 편안하게 수험 생활을 할 수 있도록 응원하고 싶었습니다. 하지만 합격하는 사람들이 모두 해내는 그 당연한 것들을 하지 않고서 나만 합격을 기대하는 것은 최선을 다한 누군가에 대한 반칙입니다.

Q31.

책상 위에 있어야 할 것과 없어야 할 것은?

보기 싫은 것만 있으면 아마도 그것이 정답

공부를 하다 보면 사람이 자꾸 예민해지고 소심해지는 것은 어쩔 수 없는 일인 것 같습니다. 매일 독서실의 조그만 책상에만 하루의 절반 이상 말 한마디 안 하고 앉아 있으니 어쩌면 당연할 수도 있습니다. 사소한 일에도 절망하거나 화가 날 때도 많았고 와이프가 별 의미 없이 하는 말 한마디를 굳이 곱씹으면서 스스로 상처받기도 하니 말입니다. 합격했다고 부부 사이나 역할이 크게 달라지는 것은 없어서 여전히 저녁 먹고 설거지를 하고 빨래를 널기도 하지만 이제는 와이프가 무슨 소리를 해도 더 이상 셀프로 속 끓이는 일은 없습니다.

부끄럽지만 저도 공부 기간이 길어지면서 사람은 작아지고 책상에 짐은 늘어갔습니다. 책이 늘어나는 것이야 어쩔 수 없지만, 교재 외에 피로회복제부터 미니 가습기, 허리 바르게 해주는 의자 등등 자꾸 공부 외적인 짐이 늘어 정신이 산만해지는 것 같아 어느 한 날에는 잘 안 보는 책부터 수험에 반드시 필요하지 않은 모든 것들을 정리했습니다. 버려야 채울 수 있다고 했던가요. 그렇게 버리고 나니 책상도 머리도 한결 가벼워지는 것 같아 후련했습니다.

도서관에서 중개사 공부하던 시절 4월 초쯤인가 제 자리에서 두 칸쯤 앞에 대략 30대 중반쯤 보이는 덩치가 아주 좋은 수험생이 나오기 시작했습니다. 제 자리에서 정면으로 보이는 자리라 고개를 들 때마다 볼 수 있었는데 누구나 그러하듯 초반 열의는 그야말로 수석 합격 각이었습니다. 아침에도 상당히 일찍 나오고 공부와 식사 외에 자리 비우는 일도 거의 없었고 책상에는 교재와 노트북 외에 수험에 불필요한 것들은 일절 두지 않고 상당히 전투적으로 공부하는 모습이 굉장히 인상적이었습니다. 한편으로는 저런 페이스를 계속 유지할 수 있을까 의심스럽기도 했지만, 부디 선전하기를 응원하였습니다.

그렇게 2개월 정도가 지나니 저의 응원이 제 속으로만 너무 작게 해서 그런 것인지 그 수험생은 너무나 빨리 지치는 것 같았습니다. 아침에 나오는 시간도 늦어졌고 오전에 책상에 엎드려 자거나 점심시간도 1시간 이상 늘어지는 날이 점점 많아졌습니다. 무엇보다 가장 큰 변화는 책상이었는데 전에는 교재와 노트북만 있던 자리가 이제는 아예 조그만 박스를 놓고 그 안에는 컵, 커피와 몇 종류의 차, 영양제, 피로회복제, 칫솔 등등 초반에 없던 자질구레한 짐들이 오히려 책보다 넓게 펼쳐져 있었습니다. 이것이 어떤 변화를 의미하는지는 굳이 설명하지 않아도 잘 알 것입니다.

핵심에 집중해야 합니다. 특히 40대 또는 그 이상이라면 정말 필요한 것을 제외하고는 모두 버려야 합니다. 우리 스스로 만든 일이 아니라도 가족이나 직장 등 외부적으로 반드시 신경 써야만 할 일들이 많습니다. 그렇기 때문에 정말 중요한 것이 아니면 모두 깨끗이 치워버려야 합니다. 책상뿐만이 아니라 인간관계를 포함한 모든 일상에서 불필요한 것들은 반드시 버려야만 하는 이유입니다. 그렇게 비우고 핵심에 집중하면 반드시 다시 채워질 수 있습니다. 먼저 비우지 못하면 채울 수도 없는 것입니다.

공인중개사 공부 마치고 평가사 공부는 독서실에서 했기 때문에 타인을 관찰할 기회는 거의 없었지만 한 달에 한 번 독서실이 쉬는 날에는 예전에 공부하던 우당도서관의 같은 자리에 앉았고 앞의 그 수험생도 다시 볼 수 있었습니다. 거의 1년 정도 지난 것 같은데 제가 보기에 더 이상 공부에 뜻은 없는데 어쩔 수 없이 끌려 나와 앉아 있는 것 같았습니다. 아침에 10시쯤 나와서 가방 내리고 커피 타러 갔다가 11시쯤 자리에 앉아서 30분 정도 책 보면서 졸다가 점심 먹으러 나갑니다. 그리고 2시쯤 돌아와서는 30분 정도 책보다 낮잠 자고 4시쯤 일어나서 핸드폰 보다가 이내 5시쯤 가방 싸서 나가는 패턴이었습니다. 도서관에 7~8시간 있었지만 순 공부 시간은 2시간이 채 안 되는데, 어떤 날은 아침에 펼쳐진 책장 그대로 단 한 장도 넘기지 않고 인터넷만 보다가 오후에 책 덮는 날도 있었으니 공부는 거의 손 놓은 것으로 봐야겠지요.

누군가 물어보면 도서관에서 8시간씩 공부했다고 하겠지요. 그 시간 머무르기는 했으니까요. 하지만 자기 자신을 속일 수는 없습니다. 내가 오늘 공부를 했는지 아니면 그저 시간을 흘려보내다 온 것이지 스스로는 알고 있습니다. 이런 공부가 되면 그만해야 합니다. 우리는 어린 나이가 아니고 누가 시켜서 무언가를 하는 나이가 아닙니다. 저는 이 친구를 보면서 늘 저를 그리고 제 책상을 돌아보았습니다. 내가 어쩔 수 없이, 무언가를 해야 하는데 할 게 없으니 공부하는 흉내만 내는 것은 아닌지, 나의 책상은 그리고 머릿속은 과연 공부에 필요한 것들만 자리하고 있는지.

3년간 사용했던
독서실 책상과 책장

Q32.

어렵다. 그래서 필요한 것은?

믿을 건 네놈 하나, 자신감뿐

얼마 전에 뉴스에서 공인중개사 자격시험을 상대평가로 전환하기 위한 법안이 발의되었다는 기사를 본 적이 있습니다. 법안의 취지에 공감 못 하는 것은 아니지만 자격증이라는 것이 하나의 도구에 불과한 것인데 기존 자격증 취득자와의 형평성 등 본질적으로 고려해야 할 부분이 너무 간과된 것은 아닌지 하는 생각입니다.

사실 얄미운 이야기이지만 공인중개사 시험의 난이도에 대한 설왕설래는 매년 있었습니다. 기 취득자는 시험이 더 어려워져서 합격자 수를 조절해야 한다고 말하고 새로 응시하는 수험생은 당연히 보통 수준으로 또는 조금 쉽게 출제되기를 바라는 각자의 입장이 얽힌 논쟁은 수년 전부터 계속되어왔습니다. 제가 감히 얄밉다고 말하는 것은 상당수 자격증 취득자들이 본인이 시험 볼 때는 쉽기를 바라였음에도 지금은 시험이 어려워지기를 바라고 상대평가에도 긍정적인 입장을 보이는 것 같아 조금 미워서 한 말이니 오해 없기를 바랍니다. 아무튼 만약에 이 법안이 통과될 경우 2024년 35회 시험부터는 상대평가로 시행될 수도 있으니 자격증 취득이 조금 더 어려워질 수도 있을 것 같습니다.

중개사나 평가사나 매년 시험이 끝나면 별의별 청원하자는 글이 올라옵니다. 문제 오류부터 난이도 그리고 제도 개선에 대해서, 심지어 감정평가사는 접수 기간 이전에 취득한 영어 성적이 필요한데 시간에 맞춰 영어점수를 취득하지 못한 수험생이 2021년 시험 날짜가 전년 대비 1개월 정도 밀렸으니 접수 기간도 미뤄야 한다는 얼토당토않은 청원도 진지하게 올라옵니다. 공통적인 점은 이런 청원은 대부분 시험에 불합격한 사람들이 올린다는 점입니다.

'케바케'라는 말을 아시나요? case by case의 줄임말인데 경우에 따라 다름을 이르는 말입니다. 그러면 '될놈될'이라는 말도 들어본 적이 있나요? 수험생 카페에 주로 젊은 친구들이 글을 쓰니 이런저런 줄임말이라고 해야 할지 유행어라고 해야 할지 애매하지만 자주 듣게 됩니다. 될놈될은 어차피 될 사람은 된다는 뜻입니다. 그렇습니다. 시험이 쉽거나 어려워지거나 어차피 될 사람만 되는 것이 시험입니다. 제도나 난이도와 같이 내가 결정하거나 조절할 수 없는 체계적 위험에 신경 쓰기보다는 차라리 그 시간에 합격하기 위한 공부에 신경을 쓰면 되는 것이고 혹시 불합격했다면 수십 년을 지속해 온 제도를 탓하면서 합격시켜 달라고 청원 글 올리지 말고 다시 가다듬고 공부하면 되는 것입니다. 시험에 있어서 실력만큼이나 운도 중요합니다. 그 운이 자기 것이 아니었다면 다시 실력을 갖추면서 기다려야지 억지로 자기 쪽으로 운을 끌어오겠다고 애써봐야 굳이 귀한 시간과 감정만 버리는 것입니다.

2020년 감정평가사 1차 시험에서 회계 과목의 난이도가 상당히 높아서 평년과 같이 회계 과목에서 과락만 넘기겠다고 전략을 짠 수험생들 상당수가 과락을 맞으면서 1차 시험 합격률이 평년의 30~40% 대에서 23%로 급격히 낮아졌습니다. 솔직히 저 역시도 시험이 원래 계획대로 3월에 시행되었다면 장담하기 어려웠을 것 같습니다. 다만 연기된 기간에 2차보다는 1차 시험, 특히 부족한 회계와 경제 과목을 집중적으로 반복하면서 공부했기에 자신감이 충만한 상태로 시험장에 들어가서 어렵다 쉽다 생각 없이 문제를 풀었습니다. 나중에 보니 보통 회계는 말문제가 4~6문제 정도로 여기서 기본 점수를 획득하고 가야 하는데 2문제로 줄고 계산 문제 상당수가 복잡하게 출제되어 시험장에서 생각이 많았다면 쉽지 않았을 것입니다.

평소 회계 과목 점수가 낮았지만, 문제가 어떻게 나와도 아는 문제만 실수 없이 풀면 반드시 과락은 면할 수 있다는 자신감이 있었기에 말문제가 몇 개였는지 상관없이 크게 당황하지 않고 시험을 마칠 수 있었습니다. 나중에 회계 과락으로 불합격한 수험생들 후기를 보면 말문제가 평소보다 없어서 당황하기 시작하고 불안해지면서 이후 문제가 잘 안 풀렸다고 하는 글이 많았습니다. 시험장에서는 문제를 분석해야 하는데 문제 구성을 분석하기 시작하면 자칫 시험의 기세에 눌려 어려워질 수 있습니다.

세계를 뒤흔든 영화, 상이란 상은 모두 휩쓴 2019년 봉준호 감독의 영화 「기생충」 모두 보셨을 것입니다. 영화에 보면 과외수업을 시작하면서 문제 풀이를 머뭇거리는 여학생(다혜)의 손목을 잡으며 시험은 기세라고 말하는 과외 선생님(기우)를 기억하시나요. 「기생충」이라는 영화는 여러 가지 면에서 인상 깊은 장면이 헤아리기 어려울 만큼 많지만, 수험생 입장에서는 유난히 강렬하게 기억되는 한 장면이었습니다. 그렇습니다. 시험은 기세입니다. 내가 얼마나 이 시험을 끌고 갈 수 있는지를 시험하는 것입니다. 특히나 서술형은 답안에 쓰이는 필체부터 그야말로 기세로 시작해서 기세로 끝난다고 해도 과언이 아닐 것입니다.

기세는 어디서 나오는 것일까요. 자신감입니다. 내가 얼마만큼 준비되었는지 스스로는 잘 알고 있습니다. 행운을 기대해 봐야 할 정도인지, 아니면 시험이 아무리 어려워도 나는 된다고 확신할 정도인지 이미 자신은 알고 있습니다. 공인중개사도 감정평가사도 시험이 조금씩 어려워지는 것 같습니다. 하지만 조건은 모두 같고 자신감을 바탕으로 한 기세로 시험 문제를 지배하면 충분할 것이니 두려워 말고 도전하시기 바랍니다.

지금은 2021년 1월 2일 오후 5시 11분입니다. SBS 라디오를 틀어놓고 글을 쓰고 있는데 우연인지 필연인지 DJ 붐이 진행하는 라디오에서 2NE1의 「내가 제일 잘 나가」라는 노래가 나오고 있습니다. 지금, 이 순간부터 자신감 챙기고 제일 잘 나가는 우리가 되어봅시다.

Q33.

점(占)을 볼까?

5만 원 날리고 그보다 귀한 시간도 날린다.
믿을 건 점괘가 아니라 자신감

노량진이나 신림동 고시촌과 같이 수험생들이 많이 모이는 곳은 상대적으로 저렴한 가격에 즐길 수 있는 먹거리나 술집, 카페도 많고 서점이나 수험에 필요한 용품을 파는 가게도 많습니다. 그리고 또 많이 있는 것 중 하나는 타로점이나 사주 등을 보는 철학관입니다. 저는 서울대학교 근처 고시촌에 있는 학원에서 토요일 스터디를 참석하였는데 점심 먹으러 나왔다가 들어가는 길에는 항상 학원 바로 옆에 있는 철학관에 들어가고 싶은 생각이 들어서 참아내기가 쉽지 않았습니다. 들어갔는데 좋은 소리 들으면 다행이지만 혹시라도 너는 공부해도 안 되는 사주라고 할 것 같아 겁나기도 해서 가지 않았는데 많은 수험생이 불안한 마음에 한두 번씩 찾는 것 같습니다.

　이런 유혹은 시험을 보고 결과를 기다리는 동안에도 끊임없이 계속되었습니다. 제주도에도 나름 용하다고 하는 점집이 몇 곳 있어서 주변에서 다녀왔는데 잘 맞춘다고 말하면 혹하는 마음에 가볼까 하는 생각이 듭니다. 이미 주사위는 던져졌고 결과 나오면 거기에 맞춰 어느 쪽이든 시작하면 된다고 생각해서 가지는 않았지만 아마도 제 마음은 수십 번도 더 다녀왔습니다.

　불안합니다. 시작을 고민하는 사람도, 시작해서 그 길을 걷는 사람도, 결과를 받아들기 전까지는 한없이 불안합니다. 나의 선택이 옳은 것인지, 아닌지 그야말로 매일 의심하고 매일이 좌불안석입니다. 누군들 그런 불안에서 온전히 자유로울까요. 다만 분명한 것은 시작했다면, 그래서 한 걸음이라도 걷기 시작했다면 시작하지 않은 다른 사람보다는 단 한 걸음이라도 앞에 있는 것이고 목표에 가깝게 다가서 있는 것입니다.

　시작할 것인지, 말아야 할 것인지에 대하여 자신의 모든 여건과 상황을 고려해서 신중하게 결정하기 바랍니다. 시작하면 절대 쉬운 길은 아닙니다. 그리고 선택과 결과에 대하여 책임지기 바랍니다. 그 선택도 책임도 절대 스스로 해야 합니다. 그 아무리 용한 철학관도 대신 해줄 수 없습니다.

Q34.

운동과 체력관리는?

운동보다 일단은 약발로

우리가 영화 속 주인공처럼 모두 다 잘할 수 있으면 얼마나 좋을 까요. 공부도 잘하면서 운동도 잘하고 일도 잘해서 돈도 잘 벌고, 가정적이면서 애들하고도 잘 놀아주고, 등등인데 써놓고 보니 사실 단 하나도 잘하기 어려운 일인 듯합니다. 그렇다면 동시에 다 잘한 다는 것은 현실성이 너무 없으니 하나씩 잘해보는 것은 어떤가요.

규칙적인 운동이 진리겠지만 수험 기간 동안 저는 여유가 없어 운동을 못했습니다.

꾸준한 운동으로 몸을 관리하기 어렵다 보니 어쩔 수 없이 약발 에 의지했습니다. 시간이 지날수록 몸도 마음도 생각했던 것 이상 으로 지칩니다. 남자들은 군대 생활도 2년 이상씩 다 했는데 수험 생활 2~3년 못 견디겠어 하고 시작하지만 우리는 한창나이인 20대와는 체력적으로 다릅니다. 그래서 수험생들 대부분이 피로회복제, 자양강장제, 비타민, 링거 또는 한약에 의지하고 있으며 이는 어쩔 수 없습니다. 수험 생활은 힘들고 즉각적으로 소모해야 할 에너지가 필요하기 때문에 이것저것 좋다는 것은 다 해보고 자신에게 맞는 것으로 골라서 시험 당일까지 활용해야 합니다. 다만 시험장에서 평소에 안 먹던 피로회복제나 우황청심환 등을 복용하는 것은 절대 안 됩니다. 시험장에서 할 모든 행동, 모든 식사, 모든 약은 시험 전에 충분히 테스트해 보고 시험장에 들어가야 합니다.

어떤 수험생은 주로 링거를 맞는다고 했는데 나중에는 바늘 들어갈 자리를 찾기 힘들 정도였답니다. 저는 링거보다는 한약을 먹었고 목요일이나 금요일 정도 체력적으로 많이 지칠 때는 헤포스와 박카스 조합으로 버텼는데 코로나로 인해 나온 재난지원금은 거의 약값으로 쓴 듯합니다.

정신력을 말하는 분들도 있는데 우리 몸은 생각보다 정직합니다. 스트레스에 지나치다 싶을 만큼 민감하게 반응합니다. 저는 전업 수험 기간에는 간단하게 아침 식사하고 점심시간 없이 9시부터 5시까지 공부하고, 5시부터 7시까지 쉬면서 저녁 식사하고 잠깐 잔 후에 7시부터 다시 공부를 시작하는 일과였는데 시험 3개월 정도 전부터는 저녁 식사를 하고 나면 열이 37.5도에서 38도까지 거의 매일 오르고 머리와 귓가가 화끈거려서 상당히 힘들었습니다. 병원에서도 별다른 문제는 없다고 하는데 매일 저녁 열이 오르니 걱정 했었는데 합격하고 난 지금은 좋아진 것으로 보아 그야말로 스트레스에 몸이 반응한 것 같습니다.

수험은 정신적으로도 체력적으로도 상당히 어렵습니다. 오후까지 공부를 마치고 저녁 식사를 하기 위하여 집에 가는 길에는 돈키호테가 타던 당나귀 로시난테가 된 기분으로 한없이 힘들고 쳐지는 날이 많았습니다. 그래도 분명한 목표가 있었고, 이를 뒷받침 해주는 할 수 있다는 자신감이 있었고 의지를 지켜줄 수 있는 체력이 있었기 때문에 버틸 수 있었습니다. 조금만 아프더라도 바로 병원에 가고 몸에 좋은 것들 챙기면서 비루한 체력이나마 목표한 바를 이룰 때까지 버틸 수 있도록 잘 관리해야 합니다.

Q35.

비참한 멘탈 관리는?

목표 설정과 목표 달성으로

보통의 20대와 30대 초반은 누구나 무엇인가를 준비하는 나이입니다. 나도 내 주변도 대부분이 미래를 위한 준비를 하는 시기이고 모두가 그것을 당연하게 받아줄 수 있기에 한두 번의 사소한 실수쯤은 인생을 배우는 사람의 시행착오 정도로 넘길 수 있습니다. 그러나 40대 이상은 대부분 준비를 마치고 인생에 있어 그 어떤 순간보다 열심히 앞을 향해 달려야 합니다. 굳이 복잡하게 경제학의 소득분포를 따져보지 않아도 수입이 최고조에 이르러야 내 가정과 미래의 나를 건사할 수 있는 시기입니다.

저는 학교를 졸업하고 바로 무역회사에 입사해서 만으로 11년 정도 해외영업부에서 계속 근무하였습니다. 회사 생활을 정리할 당시의 나이는 38살이었고 최종 직급은 과장이었습니다. 저와 비슷하게 사회생활을 시작한 선후배들이 그야말로 미친 듯이 한창 일할 나이에 스스로 유배지 아닌 유배지인 이곳 제주에 내려오게 되었습니다.

보통 한 가지 일을 10년 이상 하면 그 일에 있어서 어느 정도 프로페셔널하게 된다고 하는데 간신히 넘어서기는 했지만 어쨌든 10년이 넘는 시간을 한 업종에서 일해 온 터라 은퇴 후에도 적지 않은 업계 선후배의 소식을 들을 수 있었습니다. 다행히도 모두 잘 돼서 누군가는 해외지사의 지사장으로 부임했고, 누구는 팀장 또는 임원이 되었고, 어떤 후배는 연봉이 1.5배나 뛰어서 다른 회사로 점프하기도 했다는 등의 소식이었습니다. 회사에서나 사회적으로 한창 인정받으며 일할 시기이다 보니 이런저런 좋은 뉴스들이 자주 들려왔습니다. 대부분 오래 알고 친한 사이라 영전하는 그 길에 같이 축하해 주었고 기뻐하였습니다.

그런데 저 역시도 부족한 인간인지라 언제부터인가 갈피를 못 잡고 방황하는 시절에 들려오는 타인의 굿 뉴스에 마냥 기쁘기보다는 조바심과 함께 '계속 회사 생활을 했다면 내 자리였을 텐데', 혹은 '내가 승진할 차례였는데' 같은 못난 생각들이 들기 시작했습니다. 비참해지는 날이 점점 늘어가고 어느 순간 그들의 연락을 피하고 있는 제 모습을 마주했습니다. 그때의 참담함은 다시 떠올리기 무서울 정도입니다.

은퇴 이후 6년의 시간 중 목표가 없었던 시기가 가장 힘들었습니다. 40대 초반의 한창인 나이에 나는 멍하니 창문만 바라보고 좀먹어 가고 있는데 나와 비슷한 시기에 일했던 많은 사람은 여전히 왕성하게 일하고 있다는 사실이 생각보다 견디기가 어려웠습니다. 어느 봄날에는 아무도 없는 빈집에서 창밖으로 떨어지는 벚꽃 잎들을 보면서 한참을 울기도 했었습니다. 타인 때문이 아니라 오로지 내 스스로가 너무나 불쌍해서 흐르는 눈물이라 쉬 멈추지도 않았습니다.

그런데 우여곡절 끝에 공부를 결심하고 공인중개사 시험을 준비하기 시작하면서부터는 달라지기 시작했습니다. 목표가 있다는 것이 사람을 이렇게 살아 있을 수 있게, 삶을 의미 있게 바꿀 수 있다는 사실이 너무나 놀라웠습니다. 또한 하나의 목표 달성이 다음 목표를 위한 길을 열어주는 지도가 됨을 실감했습니다.

어느 순간 인생의 길을 잃었다면 길을 잃었다는 것을 인지해야 합니다. 그래야 현재 내가 어디 있는지 돌아보고 다시 나아갈 길을 찾으려 애쓰게 됩니다. 길을 잃은 것을 인정하지 않고 계속 무작정 걷는다면 그것은 내가 원하는 목적지가 어디인지도 모른 채 무의미한 걸음을 내딛는 것이며 결국에 다다른 그곳은 내가 원했던 장소가 아닐 수밖에 없습니다. 저는 길을 잃었고 어디로 나아가야 할지 몰랐고 그래서 그날들이 너무나 힘들었습니다.

40대 인생이 바뀌는 공부

대통령을 꿈꾸시나요. 아니면 의사, 판사와 같이 사회적 지위가 높은 사람이 되고자 꿈꾸시나요. 좋습니다. 그 길을 향해 나아 갈 수 있기를 응원합니다. 하지만 꼭 그렇게 원대하지 않아도 좋습니다. 길을 잃었거든, 아니면 새로운 길을 찾기를 원한다면 당장에 작은 목표부터 세우고 그 길을 향해 나아가 보시기 바랍니다. 그 목표를 향해 가는 길에 더 큰 또는 더 잘 맞는 당신의 길이 보일 것입니다.

남자들은 고민거리나 생각할 것이 있으면 동굴에 들어간다고 합니다. 저는 못나고 소심해서 공부하는 기간 동안 타인의 행복한 모습들이 너무 부러워서 차라리 눈을 감자 싶어 SNS를 끊었습니다. 그리고 합격 후에 첫 소식으로 "3년 만의 동굴탈출"이라는 글을 올렸습니다. 긴 시간 동안 동굴에 처박혀 있었던 저를 응원하고 기다려 준 많은 이들에게 감사하고 지금 동굴에 들어가 있는 모든 이들이 조만간 환하게 웃으며 밖으로 나와 함께 어울릴 수 있기를 새해 아침에 기원합니다.

Q36.
슬럼프는 어떻게?

공부 안 돼서 오는 슬럼프는 약도 없다. 오직 공부밖에

체육학에서 사용하는 슬럼프라는 말은 스테미나 또는 에너지의 부진 상태로 스포츠의 연습 과정에서 어느 기간 동안 연습 효과가 올라가지 않아 의욕을 상실하고 성적이 저하되는 시기를 말합니다. 길게 보면 우리 인생에도 슬럼프라고 할 만한 시기가 있을 것이며

더닝 크루거 효과

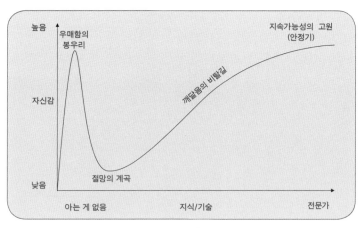

그 안에 무수히 많은 노력과 발전 사이에 슬럼프라는 친구가 아주 얄밉게 자리하고 있습니다. 세계 최고의 스포츠 스타, 디자이너, 석학들도 모두 슬럼프를 겪으면서 발전한다고 하니 마냥 거부하거나 부정하기는 어렵습니다.

수험 초반에는 누구나 의지와 의욕이 최고조에 이릅니다. 새 책, 새 노트에 무언가를 정리해 가는 것은 굉장히 기분 좋은 느낌이며 대부분의 학습 내용 또한 어렵지 않아서 이렇게 쉬운 것들이면 금방 목표를 달성할 것 같은 희망으로 우매함의 봉우리 꼭대기에서 자신감 가득합니다. 저 역시도 수험 초반에 했던 가장 큰 착각이 남들은 열심히 하지 않아서 몇 년씩 공부한다고 생각했던 것입니다. 젊은 친구들이 열심히 하지 않아서 그렇게 오래 붙잡고 있는 것이고 나는 이렇게 열심히 한다면 금방 끝낼 수 있을 것이라고 감히 건방지게 생각했습니다. 상대평가인 시험에서 이런 생각은 너무나 위험한 것입니다.

더닝 크루거 효과라고 들어 보신 적이 있나요. 아래 표를 보면 우매함의 봉오리에서는 자신이 무엇을 모르는지를 모르기 때문에 요즘 말로 근자감이 넘치게 됩니다. 그런데 그런 희망의 구간은 금방 절망의 계곡으로 떨어지게 됩니다. 여기서 대부분의 수험생은 슬럼프를 겪고 포기하게 됩니다. 그래서 영어든, 수영이든 년 초에 100명이 등록하면 얼마 지나지 않아 50명밖에 안 남게 되는 것입니다.

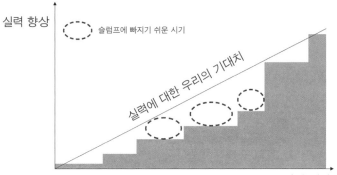

이로 볼 때 저는 공인중개사 기본 강의를 듣고 봉우리에 올랐다가 문제 풀이 시작하면서 계곡으로 떨어졌었던 것 같습니다. 또 평가사 수험 2년 차의 2차 시험 직전이 절망의 계곡 단계에 있었던 것입니다. 이 시기가 수험을 시작하고 맞이하게 되는 가장 큰 슬럼프 기간이 되는 경우가 많습니다.

절망의 계곡을 지나면 조금씩 진짜로 아는 것들이 생기기 시작하지만, 공부는 우리가 기대하는 것처럼 그 실력이 완만하고 꾸준하게 올라가는 것이 아니고 계단식으로 올라간다고 보는 것이 맞습니다. 그러다 보면 충분히 열심히 공부한 것 같은데 실력이 오르지 않는다고 느끼는 순간 또 다른 슬럼프가 옵니다. 여기서 아까 남아있던 50명 중 40명이 사라지고 결국 시험장에는 나와 같이 끝까지 버틴 10명이 합격을 두고 다투게 됩니다. 사실 응시 인원이 100명이고 선발 인원이 3명이라면 숫자로 보는 경쟁률은 100분의 3이지만 실질적인 경쟁률은 10분의 3입니다. 나머지 90명은 이미 반은 포기한 상태로 행운이라는 놈에게 기대어 들어오는 경우가 많으니까요. 그러면 경쟁자가 겨우 10명인데 왜 이리 합격이 어려울까요. 그것은 남아 있는 10명이 모두 합격 가능선에 있는 진짜 수험생이기 때문입니다. 그야말로 깻잎 한 장과 같은 근소한 차이로 합격과 불합격이 결정되기 이유이기도 합니다.

알고 보면 현실은 수험 기간 내내 매 순간 슬럼프가 옵니다. 수험 초기를 제외하면 대부분은 슬럼프를 달고 산다고 해도 과언이 아니지요. 공부가 잘되고 정답만 쏙쏙 맞혀지는 날이 얼마나 될까요. 한 달에 불과 며칠 있을까 말까 합니다. 우리는 공부가 제일 쉽다고 하는 그쪽 세계관을 가진 사람들이 아닙니다.

그러면 슬럼프는 어떻게 극복할 수 있을까요? 어떤 사람들은 산책이나 카페에서 또는 영화를 보면서 극복한다고 하는데 그렇게 해서 넘길 수 있는 것은 슬럼프가 아니라 스트레스입니다. 안타깝지만 공부가 안돼서 오는 슬럼프를 해결하는 방법은 공부밖에 없습니다. 공부는 하는데 실력이 늘지 않는 그 계단을 타고 넘어야 극복할 수 있는 것입니다. 슬럼프라고, 공부가 안된다고 해서 계속 공부를 미루면 더 큰 슬럼프에 빠지고 헤어 나오기가 힘들어질 뿐입니다. 이렇게 말하는 저도 사실은 겪고 나서 지나고 보니 이렇게 말할 수 있는 것이지 당시에는 버티다가 결국에는 박차고 나가서 책을 버리려고 했던 적도 있었기에 단지 말처럼 쉽지 않은 것을 너무나 잘 압니다.

저는 도저히 버틸 수가 없고 공부할 수가 없을 때는 집에 가서 유튜브로 유명한 여러 수험 이야기를 찾아보면서 공감하고 고개 끄덕이다가 눈물 흘리기도 하면서 그날을 보냅니다. 다음 날 아침이면 여전히 너무 힘들지만 일단은 평소처럼 독서실로 향했고 그러면 어떤 날은 괜찮아지기도 하고 아닌 날은 며칠 더 그렇게 앓으면서 보냈지만 생활 패턴은 최대한 유지하려고 했습니다.

슬럼프는 나만 오는 것도 아니고 누구에게나 오는 것이며 가장 밑바닥이기 때문에 버티기만 하면 분명히 조금이라도 위로 올라옵니다.

저의 회사 생활은 전반적으로 무난하였지만 누구나 그렇듯 몇 번의 사직서를 쓰기도 했습니다. 다만 사직서의 날짜는 비워놓고 지금의 이 문제들까지는 내가 해결하고 이후에 이쪽 일 다시는 하지 않겠다고 되씹으면서 버티고 넘기면 어느새 사직서도 함께 뭉개져 있었지요. 나아가지 못해서 생기는 슬럼프는 나아가야만 해결할 수 있습니다.

Q37.

나만의 힐링은 무엇?

미치지 않으려면 진짜 필요

세상이 참으로 다양해지고 할 수 있는 것들도 많아졌습니다. 다양한 스포츠는 물론 모터사이클이나 자동차 튜닝 또는 오페라 감상과 같이 우아한 취미까지 자신을 위해 할 수 있는 것들이 많습니다. 물론 아직도 직장인의 스트레스 해소 방법 1위가 음주인 점은 안타깝습니다. 저는 체질적으로 술을 잘 못 하는 알쓰(알콜 쓰레기)라서 주로 음주가무 보다는 운동이나 다른 방법을 찾기는 했지만 그래도 회식이나 접대 등 술자리는 여전히 많았습니다.

우리나라 1인 평균 음주량이 미국이나 여타 서양국가보다 몇 배 많고 아시아 국가 중에서는 최대라는 기사도 있었는데 워낙 술을 권하는 문화이기도 하고, 술을 좋아하는 사람들이 많아서 수험생 중에도 하루 공부 마치고 맥주 몇 캔 마시면서 수고한 스스로에게

상을 준다는 글은 애교 정도로 볼 수 있습니다. 심지어 술을 자제하지 못해 힘들다고 하는 경우도 있습니다.

앞선 글에서 수험이 몇 개월 만에 끝낼 수 있는 것이 아니기 때문에 적정한 휴식을 계획해야 한다고 했습니다. 자잘한 스트레스부터 굵직한 슬럼프까지 수험생이 견뎌내야 할 어려움은 상상 이상입니다. 그렇기 때문에 어떻게든 자신을 지키고 일정한 페이스를 유지하기 위해서는 나만의 힐링 방법이 반드시 있어야 합니다. 하지만 일반적인 회사원의 스트레스 해소와 수험생의 힐링은 달라야 합니다.

나의 힐링은 오로지 술이다. 먹고 죽자. 하는 분들은 어쩔 수 없습니다. 휴식하기 전날 들이붓고 휴일에 푹 쉬고 다시 주중에 열심히 달리면 됩니다. 그런데 가능하다면 술 말고 다른 방법이 있을지 모르니 한 번쯤은 고민해 보면 좋겠습니다. 알코올이 뇌나 기억력에 미치는 영향과 같은 과학적인 분석 말고도 수험생에게는 술로 인한 득보다는 실이 많은 것이 사실입니다.

40대 대부분의 가장들이 그러하듯 저 역시 세 아이가 힐링이 되어주었습니다. 한가지 덧붙이자면 제주의 바다라고 할 수 있겠네요. 새벽에 들어와서 아이들 자고 있는 모습을 보고 한 번씩 안아보면 힘들었던 마음이 어느 정도 풀립니다. 어떤 날은 집 근처 바닷가로 내려가 파도 소리를 듣고 앉아 있으면 마음이 편안해질 때도 있고요. 무엇이 되었건 자신만의 힐링이라고 생각될 만한 것을 꼭 만들기 바랍니다. 바다를 본다고, 아이의 머리를 쓰다듬는다고 지금의 고민이 사라지거나 어려움이 없어지지는 않습니다. 하지만 이러면 내가 편해진다고 스스로 주문을 걸어서 조금이라도 편해질 수 있으면 그것으로 족합니다.

Q38.

시험은 진짜 실력인가?

실력은 기본, 그리고 플러스알파까지 필요

시험은 불과 몇 문제를 가지고 수개월에서 길게는 수년 동안의 수험 생활을 평가하는 너무나도 가혹한 회초리 같다는 생각이 듭니다. 한 번 맞을 때마다 살이 파이고 상처가 나지만 이내 시간이 지나면 아물고 그래서 다시 도전할 수 있는 회초리를 맞는 것처럼 모진 일입니다. 이러한 시험이 성실하게 준비하지 못한 사람을 가려내기만 하면 좋을 텐데 시험이 가지는 한계상 실력 외의 많은 요인들이 당락에 영향을 미치는 것 같아 시험 외적인 요소에 대해 수험생이 어떠한 자세로 대하면 좋을지 생각해 보았습니다.

1. 운

실력 말고 가장 큰 비중을 차지하는 부분이겠지요. 오죽하면 '운칠기삼'이라는 말도 있겠습니까마는 이것은 그야말로 수험생이 어찌할 수 없는 부분입니다. 하나님을 믿어 마음이 편하신 분은 하나님께 기도하시고 부처님이 좋은 분은 절에서 불공드리면 됩니다. 다만 불필요하게 운을 낭비하지 말았으면 좋겠습니다. 시험 앞두고 로또를 사서 당첨을 기다리거나, 스포츠 경기에 베팅한다거나 하는 불필요한 행운을 기대하지 말고 오직 시험에 집중하세요. 저도 가끔 로또를 사는데 수험 기간에는 1등을 바라며 로또를 사면서도 한편으로는 당첨되지 않기를 바라는 마음이었습니다. 혹시 1등이 되면 공부하기 싫어질까 걱정스러워서 그랬던 것 같습니다. 그 어떤 과학적 근거도 없지만, 진정으로 바라는 것이 시험의 합격이라면 거기에 자신이 가진 모든 운을 쏟아붓는다고 생각하고 준비하기 바랍니다.

2. 경험

이 부분은 실력과도 어느 정도 연관이 있는 것이라 온전히 실력 외의 요소로 보기는 어렵습니다. 지식을 쌓는 것을 실력으로 본다면 그것을 잘 풀어내는 것은 실력 외적인 부분도 있기에 여기에 넣어 봅니다. 동일한 40문제를 출제하되 쉬운 문제를 앞에 둔 경우와 어려운 문제를 앞쪽에 둔 경우 성적이 차이가 난다는 사실을 알고 있나요. 초반에 어려운 문제를 만나면 당황하여 뒤에 쉬운 문제들을 제대로 못 풀고 시험을 망치는 경우는 상당히 많습니다. 이런 점에서 시험에 대한 경험이 필요합니다. 어려운 문제가 앞쪽에 있어도 어차피 시험 문제는 난이도가 상급부터 하급까지 섞여 있다는 점을 알고 차분히 대응하면 좋은 결과를 얻을 수 있는데 아무래도 경험이 없는 경우 실제 실력에 비해 저조한 점수를 받게 될 수 있습니다.

3. 바이오리듬

우리 신체 리듬은 23일, 감성 리듬은 28일 그리고 지성 리듬은 33일을 주기로 순환하면서 변화한다는 주장인데 사람마다 어느 정도 맞는 것 같기도 하고 아닌 것 같기도 합니다. 모두에게 정확하게 적용된다고 하기는 어렵지만, 저의 경우 어느 정도는 영향을 받는 것 같았습니다. 평가사 2차 시험은 실무, 이론, 법규 세 과목으로 구성됩니다. 모든 과목이 종합적 사고를 필요로 하지만 실무는 수리적인 감각, 이론은 문학적 감각, 법규는 논리적 감각이 조금 더 필요한 것 같은데 어느 날은 실무가 잘되고 어느 날은 법규가 잘 풀리는 경우가 있어 아마도 바이오리듬이란 것의 영향이 아닐까 싶습니다.

그런데 이 리듬은 자기 의지로 바꿀 수가 없습니다, 어플을 깔고 자신의 생년월일을 입력하면 자동으로 나오는 것이라 내가 준비할 수 없는 실력 외의 요소가 되는 것입니다. 만약 시험 당일 나의 지성 리듬이 최하라면 막막하지 않나요. 저도 수험 초반에는 바이오 리듬을 확인하기도 했는데 나의 의지와 상관없는 것이고 만약에라도 시험 날 저조한 리듬이면 기분만 나쁠 것 같아서 의도적으로 무시하였습니다. 대신 시험 과목의 순서에 맞춰서 공부를 하였습니다. 아침 시간에는 1교시 과목인 실무를, 낮 시간에는 2교시 과목인 이론을, 그리고 오후에는 3교시 과목인 법규를 공부하는 식으로 계획을 세우고 내가 통제할 수 없는 바이오리듬 대신에 나의 정신적, 신체적 리듬을 시험에 맞춰가는 방향으로 내가 통제할 수 있는 부분에 집중하기로 한 것입니다.

시험은 정말 많은 요인이 결합하여 만들어지는 것이라 내가 통제할 수 있는 부분에 최선을 다하고 그렇지 않은 것들은 그렇지 않은 대로 최선을 다하면 그것으로 족한 것입니다. 먼저 실력을 쌓고 나면 나머지 부분은 때가 되면 자연스럽게 만들어지는 것입니다. 설령 그때가 조금 늦어지더라도 나의 길이라는 확신을 가지고 걷는다면 반드시 원하는 목적지에 도달할 수 있습니다.

Q39.
이미지 트레이닝이란?

현실은 팍팍하지만 그리고 그리다 보면 현실로

"할 수 있다. 할 수 있다. 할 수 있다." 2016년 리우 올림픽 펜싱 결승전에서 박상영 선수가 14 대 10으로 뒤지고 있는 상황에서 쉬는 시간 자리에 앉아 계속해서 되뇌던 입 모양을 보며 전 국민이 응원하고 감동했던 그 날을 기억하시나요. 당시 저는 무엇을 할 수 있는지 몰라서 방황하던 시기라 그저 잘했다고 하는 정도로 특별한 감흥이 없었는데 수험을 시작하고서는 그 장면을 몇 번이나 찾아보면서 힘을 얻었습니다.

이미지 트레이닝이라는 단어의 뜻을 모르는 사람은 없습니다. 그런데 이를 적극적으로 활용하는 사람은 그리 많지 않은 것 같습니다. 저는 대학 시절에 A를 받은 과목은 거의 없었는데 발표 수업이 있는 과목은 대부분 A+를 받았습니다.

사실 저는 남들 앞에 서는 것을 굉장히 부끄러워하고 낯가림도 심한 편이라 장기자랑은 고사하고 아이 유치원 체육대회에서 경품에 당첨되어도 짧게 소감 말하는 것조차 부담스러워 와이프에게 받아 오라고 할 정도로 소심한 편입니다. 그럼에도 발표 수업에서 좋은 성적을 받을 수 있었던 것은 이미지 트레이닝의 결과입니다. 발표 날의 강의실을 머릿속에 그려놓고 어떤 옷을 입고 어떻게 교단에 서서 어떤 자료를 가지고 어떤 표정과 자세로 설명할지에 대한 세세한 전 과정을 적어도 수십 번 이상 머릿속으로 처음부터 끝까지 그려보고 발표 전까지 반복적으로 연습하고 그 이미지 그대로 발표 분위기를 끌고 가면 대부분 좋은 점수를 받았습니다.

시험 당일에 대한 이미지 트레이닝은 필수입니다. 어떤 옷을 입을지, 아침은 무엇을 먹고 어떻게 수험장에 갈 것이며 시험 직전에 어떤 책을 마지막으로 보고 시험 중간 쉬는 시간에 무엇을 할지와 같은 모든 부분에 대한 이미지를 그려보고 그대로 시험의 흐름을 끌고 가야 좋은 결과를 얻을 가능성이 높은 것은 당연합니다.

저는 시험 당일은 물론이지만, 그 밖에도 힘들 때마다 합격자 발표하는 날을 많이 생각해 보았습니다. 합격했을 때 어떤 모습일지, 얼마나 기분이 좋을지, 주변에서 어떻게 말할지 등등 긍정적인 장면들을 계속 생각하고 그려보면서 그날을 준비하려고 했습니다. 물론 공부가 안되는 날은 아무리 합격하는 이미지를 그리려 해도 불합격하고 다시 독서실로 향하는 우울한 모습이 그려져서 힘들었지만, 이미지도 노력한 만큼 그려지니 매일 열심히 좋은 이미지를 그려 간다면 이 또한 분명히 좋은 결과가 있을 것입니다.

이미지 트레이닝에 이어 한 가지 중요한 것은 말의 힘입니다. '말한 대로 된다'는 사실입니다. 합격을 말하면 합격이 되고 불합격을 말하면 불합격이 됩니다. 회사 다닐 때 입버릇처럼 직원들에게 "나는 빨리 은퇴하고 집에서 책이랑 야구 보면서 와이프가 어린이집 개원하면 셔터 올리고 내리면서 살고 싶다"고 말하곤 했습니다. 그 당시에는 말의 힘을 전혀 믿지 않던 때라 이런 철없는 말을 자주 했던 것 같습니다. 그런데 본의 아니게 정말로 38살 나이에 너무나 빠른 은퇴 아닌 은퇴를 하게 되었고 제주도에 내려와 가택 연금 당한 사람처럼 책을 보면서 와이프 어린이집 일로 소일하게 되었습니다. 야구는 볼 수 있었지만, 남동생과 같이 야구장에 가서 술 마시고 응원하고 했던 좋은 기억들이 많아 차마 못 보기는 했습니다. 한때 스포츠 토토 하느라고 야구 빼고 배구, 농구 등등을 다 봤으니 말한 것과 크게 다르지 않게 된 저를 보면서 말의 힘을 실감하고 이후에는 최대한 긍정적인 것을 말하고 실천하려고 애쓰고 있습니다.

여러분은 지금 어떤 말을 하고 계시는가요. 무심코 뱉은 말 한마디가 여러분의 삶을 완전히 바꾸는 것일 수 있습니다. 저는 요즘 제 경험을 여러분과 같이 만나서 이야기하는 상상과 말을 합니다. 코로나가 종식되고 꿈을 향해 노력하는 사람들을 만나 별것 아닌, 심지어 한 때 스포츠 토토에 빠져 적지 않은 손해를 보기도 한 너무나 평범한 40대 아저씨가 목표를 갖게 됨으로써 달라진 이야기를 나누는 이미지를 그립니다. 저의 꿈이 이루어지기를 그리고 여러분의 꿈도 이루어지기를 그리고, 말하고, 응원하겠습니다.

Q40.

(   )

주변에서 자주 볼 수 있는 너무나 평범한 30대 후반의 아저씨가 우연인지 필연인지 길을 잃고 헤매다가 40대가 되어 시작한 몇 가지 작은 도전이 잘 풀려서 비슷한 고민과 방황을 하는 40대를 위해 별것 없는 경험이나마 공유하고자 글을 쓰기 시작했습니다.

마지막 40번째 물음은 여러분께 드리고자 비워둔 채로 저의 문답은 39개로 마무리하고자 합니다.

아홉수. 우리는 아홉이라는 숫자를 썩 좋아하지 않는 것 같습니다. 투수가 9승 이후에 10승에 실패하면 그럴 수도 있는 것인데 굳이 아홉수에 걸렸다고 말하고, 29살이나 39살에는 결혼도 피하는 것 같고 인터넷을 검색해 보면 아홉수에 대하여 다양한 해설과 의미를 부여하는 글들이 있습니다.

라디오에서 들은 사연인데, 어느 학생이 어머니께서 중요한 시험

날 아침에 미역국을 끓여 놓아서 짜증을 냈더니 어머니께서 말씀하시기를 "아들아. 너는 이번 시험을 위해 정말 많은 노력을 한 것을 나는 알고 있다. 만에 하나라도 네가 시험을 망치고 원하는 결과를 얻지 못하게 되더라도 그것은 너의 부족함 때문이 아니라 내가 아침에 미역국을 끓여서 그런 것이니 너는 아무 걱정도 염려도 하지 말고 그저 최선을 다하라"고 했다고 합니다. 시험이 이렇게 모두를 긴장하게 하고 피 말리는 일입니다. 그런 시험을 또는 새로운 시작을 고민하는 여러분께 제가 쓴 책이 별 도움이 못 되더라도 그것은 여러분이 부족해서가 아니라 어느 어머니의 미역국처럼 제가 만든 책의 질문이 아홉수에 걸려서 그런 것이니 저를 탓하고 다시 여러분 각자의 길 위에서 정진해 나가십시오.

비워둔 40번째 문답은 여러분 스스로 묻고 답하기를 바랍니다.
40대가 되면 가정적 요인, 경제적 여력, 체력 등 모든 면에서 다를 수밖에 없습니다. 그렇기 때문에 새로운 도전을 쉽게 말하거나 행동에 옮길 수도 없고, 반대로 도전을 마냥 붙잡을 수도 없는 것입니다.

진지하게 자신을 바라보고 묻고 답하는 시간이 필요합니다.
유명한 어떤 스님처럼 보여주기 위한 명상이 아니라 우리의 길을 찾기 위한 문답이 필요한 것입니다. 며칠이 혹은 몇 달이 걸려도 좋습니다. 답안을 쓸 때 목차를 작성하면서 시간을 좀 더 투자하더라도 제대로 구성한 목차가 있으면 그 내용은 물음을 정통으로 꿰뚫어 내는 좋은 답안이 될 수 있습니다. 긴 시간 생각하고 고민해서 결론이 나면 그때 비로소 모든 것을 걸고 시작하면 됩니다. 많은 고민 끝에 험난한 여정을 시작할 나의 친구, 선후배님들을 진심을 담아 응원하겠습니다.

마치며

인터미션(intermission). 뮤지컬이나 오페라에서 1막이 끝나고 2막을 준비하는 시간을 말합니다. 여러분의 공연은 지금 어디쯤 와 있는지요. 저도 아직 살아가는 중이라 단정 지을 수는 없지만 1막을 누구보다 빨리 마쳤고, 이제 2막을 시작하려고 합니다. 1막에서 많은 박수를 받고 충분한 감동이 있었다면 좋았겠지만 조금은 부족 한듯하여 남은 아쉬움을 2막에서는 더 큰 웅장함과 울림이 있는 무대를 만들 수 있도록 노력하려고 합니다.

공인중개사 시험을 보고, 감정평가사 시험 준비를 시작할 때, 주위에서는 가능할까 하는 걱정과 될까 하는 염려가 대부분이었습니다. 스스로도 확신하지 못하고 매일이 불안한 길이었던 만큼 당연한 것이었겠지요. 이제 제가 선례를 남겼다고 생각합니다. 너무나 평범한 40대 가장이 하겠다는 의지를 품고 이만큼의 노력을 통해 충분히 가능하다는 것을 증명해 보인 만큼 여러분은 목표한 그 길에서 좀 더 스스로를 믿고 나아갈 수 있으면 좋겠습니다.

비슷할 것 같습니다. 우리는 비슷하게 고민하고, 걱정하고, 아프고 힘든 것 같습니다. 누군가를 위로하는 일에 익숙하지 않아서 감히 여러분을 위로할 생각도 없고, 여러분에게 조언을 할 생각은 더더욱 없습니다. 그저 같이 살아가기를 바랍니다.

소주 한 잔 마시면서 나눌 이야기를 부끄럽지만 책으로 엮어 보았습니다. 좋은 안주가 될지 아니면 맛있는 찌개 안주를 올려놓을 받침대가 될지는 모르겠습니다만 함께 한다면 그것으로 의미 있는 것이라 생각하고 감사히 여기도록 하겠습니다. 저와 여러분이 함께하는 그 길에서 건승하기를 기원합니다.

40대
인생이 바뀌는 공부

개정판 1쇄 발행 2022. 5. 1.

지은이 이대형
펴낸이 김병호
펴낸곳 주식회사 바른북스

편집진행 김수현
디자인 양헌경

등록 2019년 4월 3일 제2019-000040호
주소 서울시 성동구 연무장5길 9-16, 301호 (성수동2가, 블루스톤타워)
대표전화 070-7857-9719 | **경영지원** 02-3409-9719 | **팩스** 070-7610-9820

•바른북스는 여러분의 다양한 아이디어와 원고 투고를 설레는 마음으로 기다리고 있습니다.

이메일 barunbooks21@naver.com | **원고투고** barunbooks21@naver.com
홈페이지 www.barunbooks.com | **공식 블로그** blog.naver.com/barunbooks7
공식 포스트 post.naver.com/barunbooks7 | **페이스북** facebook.com/barunbooks7

ⓒ 이대형, 2022
ISBN 979-11-6545-730-3 03360